Wortschatz einfach praktisch Polnisch

Die wichtigsten Wörter und Wendungen

Daniel Krebs

Hueber Verlag

Für ihre immerwährende und freundliche Hilfe dankt der Autor Frau Violetta Rosinek-Brehm sehr herzlich.

3. 2. 1.	Die letzten Ziffern
2014 13 12 11 10	bezeichnen Zahl und Jahr des Druckes.

Alle Drucke dieser Auflage können, da unverändert, nebeneinander benutzt werden.
1. Auflage

Verlagsredaktion: Heike Birner, Hueber Verlag, Ismaning
Umschlaggestaltung: wentzlaff | pfaff | güldenpfennig kommunikation GmbH, München
Umschlagfotos: Frau: © getty images/Stockbyte;
Suppe: © iStockphoto/gerenme
Zeichnungen: Bettina Kumpe, Braunschweig
Layout: Sarah-Vanessa Schäfer, Hueber Verlag, Ismaning
Satz: appel media, Oberding
Druck und Bindung: Ludwig Auer GmbH, Donauwörth
Printed in Germany
ISBN 978–3–19–309614–2

Einführung – wstęp

Der „Wortschatz einfach praktisch Polnisch" hilft Ihnen, sich schnell und mühelos die wichtigsten polnischen Wörter und Redewendungen anzueignen. Die 12 thematisch gegliederten Kapitel enthalten circa 1.000 Wörter sowie zusätzlich circa 400 gängige Redewendungen. Ob Sie alleine oder im Kurs lernen, ob Sie einen kurzen Aufenthalt im Land planen, sich auf bestimmte Themen oder Situationen gezielt vorbereiten oder systematisch einen Basiswortschatz aufbauen möchten – durch seine klare, thematische Anordnung und Aktualität ist der „Wortschatz einfach praktisch" das ideale Mittel.

Wie verwende ich den Wortschatz einfach praktisch?

1. Die 12 thematisch gegliederten Hauptkapitel ermöglichen es Ihnen, sich die wichtigsten Wörter eines Sachgebiets rasch zu erschließen. Alle Wortlisten sind ergänzt durch einfache, aktuelle Beispielsätze.
2. Die farbig hervorgehobenen Informationsfelder erklären wichtige sprachliche und landeskundliche Zusammenhänge.
3. Mit den Kurztests nach jedem Kapitel können Sie auf unterhaltsame Weise Ihren Lernfortschritt überprüfen bzw. das Gelernte festigen. Die Lösungen zu den Tests finden Sie im Anhang dieses Buches.
4. Im Internet unter www.hueber.de/audioservice können alle Wörter und Redewendungen zum Anhören heruntergeladen werden.

Wie präge ich mir neue Wörter ein?

→ Sehr hilfreich ist es, die Wörter laut zu sprechen. Nutzen Sie dabei die Hinweise zur Aussprache auf der hinteren Umschlaginnenseite.

→ Decken Sie in den Wortlisten jeweils eine Spalte ab – Polnisch oder Deutsch – und übersetzen Sie die Wörter. Kontrollieren Sie sich anschließend. Ändern Sie die Reihenfolge, in der Sie die Wörter lernen.

→ Üben Sie 8–10 neue Einheiten pro Tag. Wiederholen Sie regelmäßig die an den Tagen zuvor gelernten Wörter.

→ Ihr Lernerfolg wird größer, wenn Sie regelmäßig jeden Tag circa 15 Minuten intensiv lernen, als einmal in der Woche eine Stunde.

→ Verwenden Sie Karteikarten und tragen Sie sie bei sich. Schreiben Sie auf eine Seite das deutsche Wort, auf die andere Seite die polnische Übersetzung, möglichst mit einem Beispielsatz.

Inhaltsverzeichnis

Vorbemerkungen

Genus der Substantive

Für die Bestimmung des grammatischen Geschlechts ist in der Regel der Auslaut des Substantivs entscheidend:
– auf Konsonant: Maskulinum,
– auf *-a*, *-ść*: Femininum,
– auf *-o*, *-e*, *-um*: Neutrum.
Im vorliegenden Wortschatz werden nur die Ausnahmen angegeben.

Genitivendung

Als Norm gelten bei den Maskulina die Genitivendungen auf *-u* (z.B. *czas, -u* = Zeit), bei den Feminina die auf *-y* (z.B. *osoba, -y* = Person) bzw. nach *-ka/-ga* auf *-i* (z.B. *córka, -i* = Tochter). Bei den Neutra ist die Endung auf *-a* die häufigste Genitivform (z.B. *miasto, -a*). Es werden deswegen nur alle anderen, abweichenden Formen aufgeführt.

Pluralbildung

Der Nominativ Plural der Neutra endet in der Regel auf *-a* (z.B. *miasto – miasta* = Stadt). Bei den Feminina und Maskulina enden die Substantive mit weichen und verhärteten Konsonanten im Stammauslaut auf *-e* (z.B. *liść – liście* = Blatt; *dłoń – dłonie* = Hand), die Substantive mit harten Konsonanten im Stammauslaut auf *-y* (z.B. *las – lasy* = Wald; *mucha – muchy* = Fliege) bzw. nach *-k/-g* auf *-i* (z.B. *park – parki* = Park; *noga – nogi* = Bein). Daher werden auch hier nur die Ausnahmefälle angegeben.

Adjektiv und Adverb

Von fast jedem Adjektiv kann ein Adverb gebildet werden. Hier sind nur in Ausnahmefällen Adverbialformen aufgenommen, etwa wenn sie öfter als ihre adjektivischen Grundformen verwendet werden.

Aspekt

Im Polnischen gibt es wie in allen slawischen Sprachen das Phänomen des Aspekts beim Verb, der – grob gesprochen – zur Unterscheidung der unvollendeten (imperfektiven) Handlungen von vollendeten (perfektiven) dient. Verben des vollendeten Aspekts bezeichnen eine Handlung in ihrer Einmaligkeit oder in ihrem Ergebnis, Verben des unvollendeten Aspekts dagegen die Handlung in ihrem Verlauf, ihrem Andauern oder ihrer Wiederholung: *Rozumiem* (= ich verstehe) ist eine Handlung, die gerade passiert, während *zrozumiałe(a)m* (= ich (m/w) habe verstanden) eine abgeschlossene Handlung darstellt.
In diesem Wortschatz ist die imperfektive Form zuerst angegeben.

Instrumental

Im Polnischen gibt es wie in allen slawischen Sprachen einen Instrumentalfall, der auf die Frage „Womit?“ oder „Mit wem?“ antwortet. Er findet oft als Prädikatsnomen Anwendung, beispielsweise bei Berufs- oder Herkunftsangaben. Daneben wird er verwendet, wenn etwas durch Hilfsmittel geschieht. Er ist auch nach einer Reihe von Präpositionen zu verwenden, von denen die wichtigsten sind: *między, nad, pod, przed, z(e), za*. Beispiele für den Instrumental finden sich u.a. in Kapitel 5 dieses Buches.

Lokativ

Im Polnischen gibt es auch wie in allen slawischen Sprachen einen Lokativfall, der vor allem (aber nicht nur) Anwendung bei Ortsangaben findet. Er folgt auf die Frage „Wo?“ oder „Worüber?“ bzw. „Über wen?“. Er ist auch nach einer Reihe von Präpositionen zu verwenden, von denen die wichtigsten sind: *na, o, po, przy, w(e)*. Im vorliegenden Wortschatz finden sich häufig Beispiele für den Lokativ, u.a. bei den Wochentagen.

Familie und soziales Leben

Członkowie rodziny
Familienmitglieder

matka (mama)	Mutter (Mama)
ojciec, ojca (tata)	Vater (Papa)
rodzice	Eltern
syn, -a	Sohn
córka	Tochter
dzieci	Kinder
chłopiec, -pca	Junge
dziewczynka	Mädchen
brat, -a	Bruder
mój młodszy brat	mein jüngerer Bruder
siostra	Schwester
moja starsza siostra	meine ältere Schwester

rodzeństwo	Geschwister
dziadek, -dka	Großvater
babcia	Großmutter
dziadkowie	Großeltern
wnuk, -a	Enkel
wnuczka	Enkelin

wuj, -a (wujek, -jka)	Onkel
ciotka (ciocia)	Tante
kuzyn, -a	Cousin
kuzynka	Cousine
bratanek, -nka	Neffe (Sohn des Bruders)
bratanica	Nichte (Tochter des Bruders)
siostrzeniec, -ńca	Neffe (Sohn der Schwester)
siostrzenica	Nichte (Tochter der Schwester)
mąż, męża	Ehemann
żona	Ehefrau
małżeństwo	Ehepaar
zięć, -cia	Schwiegersohn
synowa	Schwiegertochter
teść, -cia	Schwiegervater
teściowa	Schwiegermutter
szwagier, -gra	Schwager
szwagierka	Schwägerin
przyjaciel, -a	Freund
przyjaciółka	Freundin
chłopak, -a	Freund (mit dem man als Jugendliche zusammen ist)
dziewczyna	Freundin (mit der man als Jugendlicher zusammen ist)
pan, -a młody	Bräutigam
panna młoda	Braut

Znajomości
Bekanntschaften

Cześć, jak leci?	Hallo, wie geht es dir? (fam.)
Co (u Ciebie) słychać?	Wie geht es dir?
Co u Pana/Pani słychać?	Wie geht es Ihnen?
Miło mi Panią/Pana poznać.	Freut mich, Sie kennenzulernen.

Jak się nazywasz?	Wie heißt du?
Jak Pani/Pan się nazywa?	Wie heißen Sie?
Nazywam się ...	Ich heiße ...
Gdzie mieszkasz?	Wo wohnst du?
Gdzie Pani/Pan mieszka?	Wo wohnen Sie?
Mieszkam w ...	Ich wohne in ...
Skąd jesteś?	Woher kommst du?
Skąd Pani/Pan jest?	Woher kommen Sie?
Jestem z ...	Ich bin aus ...
Ile masz lat?	Wie alt bist du?
Ile ma Pani/Pan lat?	Wie alt sind Sie?
Mam 26 lat/24 lata.	Ich bin 26 Jahre/24 Jahre alt.
Co robisz zawodowo?	Was machst Du beruflich?
Co Pani/Pan robi zawodowo?	Was machen Sie beruflich?
Jestem sekretarką.	Ich bin Sekretärin.
A gdzie pracujesz?	Und wo arbeitest du?
A gdzie Pani/Pan pracuje?	Und wo arbeiten Sie?
Pracuję w biurze.	Ich arbeite in einem Büro.
Kiedy się urodziłeś/urodziłaś?	Wann wurdest du geboren?
Kiedy się Pani/Pan urodził(a)?	Wann wurden Sie geboren?
Urodziłem/Urodziłam się piątego lipca 1983 roku.	Ich wurde am 5. Juli 1983 geboren.
Jestem niezamężna/wolna.	Ich bin ledig. (Frau)
Jestem nieżonaty/wolny.	Ich bin ledig. (Mann)

zamężna	verheiratet (Frau)
żonaty	verheiratet (Mann)
rozwiedziony	geschieden (Mann und Frau)

Ledig und verheiratet

Im Polnischen wird vor und nach dem Heiraten zwischen Mann und Frau genau unterschieden. Vor der Heirat ist der Mann *nieżonaty* = ledig, die Frau hingegen *niezamężna*. Man kann aber auch einfach *wolny* bzw. *wolna* in der Bedeutung „frei" sagen.
Wenn eine Frau heiratet, heißt es *wychodzić/wyjść za mąż*, beim Mann dagegen *żenić/ożenić się*.

wdowiec, -wca	Witwer
wdowa	Witwe
Jacy są Pani/Pana nowi sąsiedzi?	Wie sind Ihre neuen Nachbarn?
Oni są uprzejmi.	Sie sind freundlich.
nieuprzejmy	unfreundlich
Czy ma Pani/Pan dzieci?	Haben Sie Kinder?
Tak, one są bardzo grzeczne.	Ja, sie sind sehr brav.
niegrzeczny	unartig

***Zdrobnienia* = Kosenamen**

In Polen werden zahlreiche Vornamen – nicht nur bei Jugendlichen – verniedlicht:
Aleksandra → Oleńka → Ola
Anna → Ania, Asia → Anusia, Anula
Bogusława → Bogusia
Katarzyna (Katharina) → Kasia
Małgorzata (Margareta) → Gosia
Henryk → Henio
Jan → Janek, Ja(nu)ś
Jerzy (Georg) → Jurek
Das gilt auch zu Hause: *mama* → *mamusia*
tato, tata = Papa → *tatuś*
kochanie = Liebling und *skarbie* = Schatz
schließlich machen die Harmonie perfekt.

Auch in anderen Bereichen gibt es die Tendenz zur Verniedlichung. Man trifft sich gern auf eine *chwileczka* = ein Weilchen, um ein *piweczko* = Bierchen zu trinken und eine *gadka* = ein Schwätzchen zu halten. Angeblich lassen sich zu jedem Substantiv mindestens zwei Verkleinerungsformen bilden:

dom → *domek* → *domeczek* Haus → Häuschen

Opisywanie osób

Beschreibung von Personen

osoba	Person
ładny	hübsch (nur bei Frauen)
przystojny	gut aussehend (bei Frauen und Männern)
brzydki	hässlich
szczupły	schlank
gruby	dick
wysoki	groß
niski	klein
żywy	lebhaft
spokojny	ruhig
interesujący	interessant
nudny	langweilig
stary	alt
młody	jung
Ona ma niebieskie oczy.	Sie hat blaue Augen.
On nosi brodę.	Er trägt einen Bart.
wąsy *p*	Schnurrbart
Noszę okulary *p*.	Ich trage eine Brille.
Ona jest blondynką.	Sie ist blond.
On ma czarne włosy.	Er hat schwarze Haare.
długie / krótkie włosy	lange / kurze Haare
kręcone / proste włosy	krause / glatte Haare

Spotkania i flirty
Verabredungen und Flirten

Masz czas wieczorem?	Hast du heute Abend Zeit?
Moglibyśmy pójść wieczorem do kina.	Wir könnten heute Abend ins Kino gehen.
Masz ochotę potańczyć?	Hast du Lust, tanzen zu gehen?
Czy mogę zaprosić Cię na kolację?	Darf ich dich zum Abendessen einladen?
Czy mogę zaprosić Panią/Pana na kawę?	Darf ich Sie zu einem Kaffee einladen?
Co byś powiedział(a) na kieliszek wina?	Wie wär's mit einem Gläschen Wein?
Czy chcemy pospacerować?	Wollen wir einen Spaziergang machen?
Świetny pomysł!	Tolle Idee!
Zgoda!	Einverstanden!
O której godzinie spotkamy się?	Um wie viel Uhr treffen wir uns?
Gdzie się spotkamy?	Wo treffen wir uns?
O wpół do ósmej przed kinem?	Um halb acht vor dem Kino?
Nie, trochę później.	Nein, etwas später.
Wieczorem niestety nie mam czasu.	Heute Abend habe ich leider keine Zeit.
Przepraszam, wolę pójść do teatru.	Tut mir leid, ich gehe lieber ins Theater.
Nie lubię tańczyć.	Ich tanze nicht gern.
Co byś powiedział(a) na jutro?	Wie wär's mit morgen?
Jutro mi pasuje.	Morgen passt es mir (gut).
Masz ładne oczy.	Du hast schöne Augen.
Dziękuję, to bardzo miło z twojej strony.	Danke, das ist sehr nett von dir.
Mogę cię wkrótce znowu zobaczyć?	Kann ich dich bald wieder sehen?

Potowarzyszę ci chętnie do domu.	Ich begleite dich gern nach Hause.
Zatęskniłem za tobą.	Ich habe dich vermisst.
Twój polski jest wspaniały.	Dein Polnisch ist ausgezeichnet.

Begrüßung und Abschied

Cześć!	Hallo! [unter Freunden und Bekannten]
Dzień dobry!	Guten Morgen! Guten Tag!
Dobry wieczór!	Guten Abend!
Witaj!	Grüß Dich!
Witam cię!	Grüß Dich!
Cześć!	Tschüss! [unter Freunden und Bekannten]
Do widzenia!	Auf Wiedersehen!
Do zobaczenia!	Auf Wiedersehen!
Na razie!	Bis bald!
Do jutra!	Bis morgen!

Czas

Uhrzeit

O której godzinie?	Um wie viel Uhr?
O pierwszej.	Um ein Uhr.
O siódmej.	Um sieben Uhr.
Kwadrans po trzeciej.	Viertel nach drei.

Wpół do siódmej.	Halb sieben.
Za kwadrans dziewiąta.	Viertel vor neun.
pół godziny wcześniej	eine halbe Stunde früher
pół godziny później	eine halbe Stunde später

Dni powszednie
Wochentage

poniedziałek, -łku / w poniedziałek	Montag / am Montag
wtorek, -rku / we wtorek	Dienstag / am Dienstag
środa / w środę	Mittwoch / am Mittwoch
czwartek, -tku / w czwartek	Donnerstag / am Donnerstag
piątek, -tku / w piątek	Freitag / am Freitag
sobota / w sobotę	Samstag / am Samstag
niedziela / w niedzielę	Sonntag / am Sonntag

Nazwy miesięcy
Monatsnamen

styczeń, stycznia / w styczniu	Januar / im Januar
luty, lutego / w lutym	Februar / im Februar
marzec, marca / w marcu	März / im März
kwiecień, kwietnia / w kwietniu	April / im April
maj, maja / w maju	Mai / im Mai
czerwiec, czerwca / w czerwcu	Juni / im Juni
lipiec, lipca / w lipcu	Juli / im Juli
sierpień, sierpnia / w sierpniu	August / im August
wrzesień, września / we wrześniu	September / im September
październik, -a / w październiku	Oktober / im Oktober
listopad, -a / w listopadzie	November / im November
grudzień, grudnia / w grudniu	Dezember / im Dezember

***Nazwy miesięcy* = Monatsnamen**

Verglichen mit den germanischen und romanischen Sprachen haben die Monatsnamen im Polnischen – bis auf wenige Ausnahmen – andere Bedeutungen:

styczeń, -cznia	Januar < *stykać* = berühren, zusammenführen [des vergangenen und neuen Jahres]
luty, -ego	Februar < *luty* (ausgestorben) = unangenehm, unwirtlich
marzec, -rca	März < Martius [Entlehnung aus dem Lat.]
kwiecień, kwietnia	April < *kwiat* = Blüte, Blume
maj, -a	Mai < Maius [Entlehnung aus dem Lat.]
czerwiec, -wca	Juni < *czerw* = Made
lipiec, -pca	Juli < *lipa* = Linde
sierpień, -pnia	August < *sierp* = Sichel
wrzesień, -eśnia	September < *wrzos* = Heidekraut
październik, -a	Oktober < *paździerze* = Flachs
listopad, -a	November < *liść* = Blatt + *spadać* = fallen
grudzień, -dnia m	Dezember < *gruda* = (gefrorene) Scholle

Pory roku

Jahreszeiten

wiosna / wiosną, na wiosnę	Frühling / im Frühling
lato / latem, w lecie	Sommer / im Sommer
jesień, -eni / jesienią	Herbst / im Herbst
zima / zimą, w zimie	Winter / im Winter

1 **Ergänzen Sie die Verwandtschaftsbezeichnungen aus Ihrer Perspektive.**

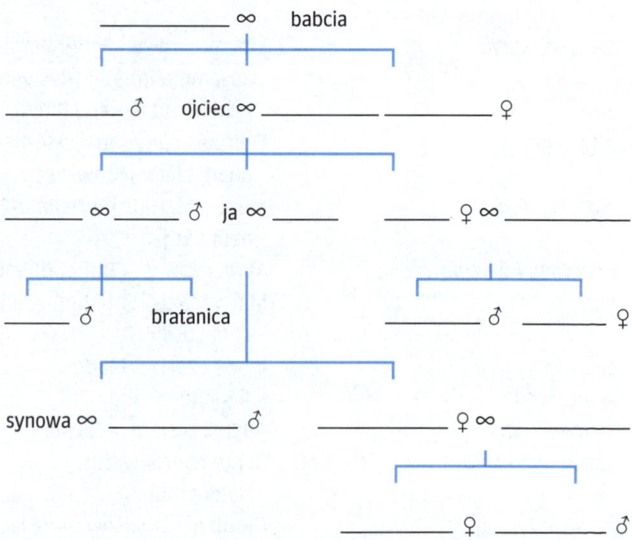

2 **Schreiben Sie das Gegenteil der folgenden Adjektive auf.**

a. ładny ____________________

b. szczupły ____________________

c. niski ____________________

d. żywy ____________________

e. stary ____________________

f. interesujący ____________________

3 **Finden Sie die Wochentage (waagrecht oder senkrecht) und schreiben Sie sie auf.**

w	p	s	o	b	o	t	n	a	l	n	a	r
t	o	p	r	a	w	l	i	r	p	i	b	ę
o	n	a	w	t	o	r	e	k	i	e	c	k
r	i	m	i	n	i	m	d	w	ą	d	d	a
e	e	o	ź	e	ł	a	z	o	t	z	y	w
q	d	n	i	r	w	a	n	a	e	i	z	g
a	z	c	z	w	a	r	t	e	k	e	i	r
p	i	ą	t	ś	r	o	t	a	p	l	f	u
r	a	s	o	b	o	t	a	c	i	a	o	ż
i	ł	s	ż	s	ą	ź	s	a	w	n	u	k
l	e	r	ó	ł	g	o	l	f	o	t	e	a
w	k	o	ś	r	o	d	a	l	r	a	d	l
e	u	d	o	m	e	n	i	j	k	ą	d	o

____

____

____

____

____

____

____

Wohnen

Zwroty ogólne dotyczące mieszkania
Allgemeine Wendungen rund ums Wohnen

Mam mieszkanie ...	Ich habe eine Wohnung...
... a my mamy dom.	... und wir ein Haus.
piętro	Stockwerk
na trzecim piętrze	im 3. Stock
dom z windą	ein Haus mit Lift
schody *p*	Treppe
w mieście	in der Stadt
wieś, wsi	Dorf
dzielnica miasta	Stadtviertel
na peryferiach *p*	am Stadtrand
na wsi	auf dem Land

Formen des Wohnens

Natürlich haben sich mittlerweile die Wohnformen in Polen und in Deutschland weitgehend angeglichen. Manche streben nach einem Eigenheim, manche wohnen lieber zur Miete. Trotzdem gibt es hie und da Unterschiede, wie z.B. die Plattenbausiedlung, die in Polen noch häufiger, in Deutschland außerhalb des Gebietes der ehemaligen DDR nicht vorkommt. Andererseits gibt (oder gab) es beispielsweise nur wenige Polen, die in einer Doppelhaushälfte leben. Auch die Zahl der Bungalows hält sich bisher in Grenzen.
Hier eine Auflistung verschiedener Wohnformen:

mieszkanie	Wohnung
mieszkanie jednopokowoje	Einzimmerwohnung
mieszkanie dwupokowoje	Zweizimmerwohnung
kawalerka	Einzimmerwohnung [von *kawaler, -a* „Junggeselle, Single"]
mieszkanie czynszowe	Mietwohnung
mieszkanie własnościowe	Eigentumswohnung

dom	Haus
wieżowiec, -wca	Hochhaus
bungalow	Bungalow
wielka płyta	Plattenbau
szeregowiec, -wca	Reihenhaus
bliźniak, -a	Doppelhaus [eigentlich „Zwilling"]
połowa bliźniaka	Doppelhaushälfte

Pomieszczenia i czynności domowe
Wohnräume und häusliche Tätigkeiten

pokój dzienny	Wohnzimmer
mieszkać/zamieszkać	wohnen
jadalnia	Esszimmer
jeść/zjeść	essen
sypialnia	Schlafzimmer
spać	schlafen
pokój (dla) dziecka	Kinderzimmer
bawić się	spielen
kuchnia	Küche
gotować/ugotować	kochen
łazienka	Badezimmer
brać/wziąć prysznic	duschen
garderoba	Garderobe
wkładać/włożyć płaszcz	Mantel anziehen
zdejmować/zdjąć kurtkę	Jacke ausziehen
strych	Dachboden
piwnica	Keller
pracownia	Arbeitszimmer
czytać/przeczytać gazetę	Zeitung lesen
garaż	Garage
parkować/zaparkować	Auto abstellen

taras	Terrasse
ogród	Garten
podlewać kwiaty	Blumen gießen
grilować	grillen

trawa	Rasen
kosić/skosić trawę	Rasen mähen
basen	Swimmingpool
pływać/płynąć	schwimmen
myć/umyć okna	Fenster putzen
odkurzać/odkurzyć	Staub saugen
prać/wyprać	waschen
prasować/wyprasować	bügeln
zmywać/zmyć naczynia	Geschirr abwaschen
sprzątać/sprzątnąć pokój	Zimmer aufräumen
przygotowywać/przygotować śniadanie	Frühstück machen
gotować/ugotować obiad	Mittagessen kochen
piec/upiec ciasto	Kuchen backen
nakrywać/nakryć stół	Tisch decken
sprzątać/sprzątnąć stół	Tisch abräumen
pisać/napisać listę zakupów	Einkaufsliste schreiben

Meble i artykuły wyposażenia wnętrz
Möbel und Einrichtungsgegenstände

stół, -ołu	Tisch
krzesło	Stuhl
ławka	Bank
szafa	Schrank
kanapa	Couch, Sofa
fotel, -a	Sessel
fotel bujany	Schaukelstuhl
regał	Regal
łóżko	Bett
materac, -a	Matratze
poduszka	(Kopf)Kissen
prześcieradło	Bettlaken, Leintuch
koc, -a	Decke
kołdra	Steppdecke, Bettdecke
stolik, -a nocny	Nachttisch
szafa na ubrania	Kleiderschrank
biurko	Schreibtisch
umywalka	Waschbecken
wanna (do kąpieli)	Badewanne
prysznic, -a	Dusche
toaleta	Toilette
kran	Wasserhahn
firanka	Gardine / Vorhang
roślina	Pflanze
wazon	Blumenvase
obraz	Bild
lampa	Lampe
lampa stojąca	Stehlampe
sufit	Zimmerdecke
ściana	Wand

drzwi *p*	Tür
okno	Fenster
tapeta	Tapete
podłoga	Fußboden
dywan	Teppich
płytka	Fliese
lustro	Spiegel

Sprzęty gospodarstwa domowego
Haushaltsgeräte

pralka	Waschmaschine
suszarka do prania	Wäschetrockner
żelazko	Bügeleisen
zmywarka	Geschirrspüler
lodówka	Kühlschrank
zamrażarka	Gefriertruhe
mikser, -a	Mixer
otwieracz, -a do puszek	Büchsenöffner
kuchenka	Herd
mikrofalówka	Mikrowellenherd
piekarnik, -a	Backofen
wiertarka	Bohrmaschine
śrubokręt, -a	Schraubenzieher
kosiarka do trawy	Rasenmäher

1 Wo steht was? Ordnen Sie zu.

a. jadalnia →	stół
b. sypialnia	lampa stojąca
c. pokój dziecka	biurko
d. kuchnia	lodówka
e. pracownia	łóżko
f. pokój dzienny	łóżeczko dziecięce

2 Ergänzen Sie die folgenden häuslichen Tätigkeiten mit dem passenden Verb / den passenden Verben in der imperfektiven Form.

a. ____________________ gazetę

b. ____________________ trawę

c. ____________________ kwiaty

d. ____________________ naczynia

e. ____________________ obiad

f. ____________________ / ____________________ stół

g. ____________________ ciasto

3 **Lösen Sie das Kreuzworträtsel mithilfe folgender Hinweise.**

a. Gut für ein Nickerchen
b. Eine gute ... schont den Rücken.
c. Umweltfreundlicher als ein Bad
d. Bequem zum Sitzen
e. Daran kann man ein m. aufhängen.
f. Ein gutes Gewissen ist ein gutes ...
g. Ohne ihn wäre ein *biuro* nichts.
h. Daran sollte man nicht sägen.
i. Damit kann man sprichwörtlich ins Haus fallen.
j. Leuchtet ähnlich wie im Deutschen
k. Zum Draufstehen
l. Darin ist's nicht nur im Schlager richtig nett.
m. Ohne dies wäre e. doch sehr kahl.

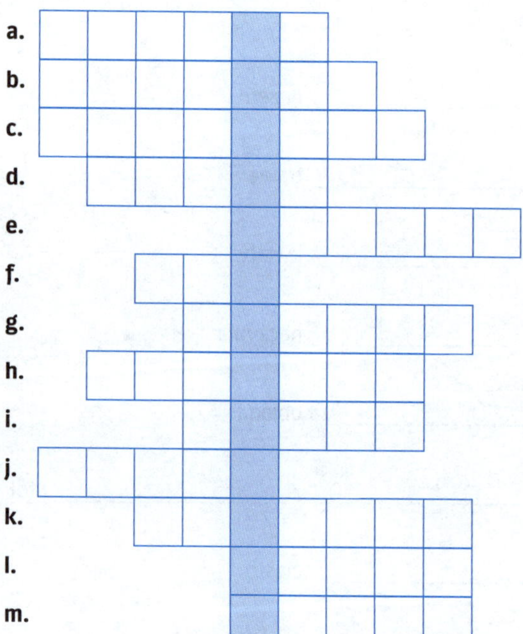

Lösungswort: ______________________

Kleidung

Części ubioru
Kleidungsstücke

sukienka	Kleid
spódnica	Rock
bluzka	Bluse
sweter, -tra	Pullover
koszula	Oberhemd
krawat	Krawatte
koszulka	T-Shirt
spodnie *p*	Hose
dżinsy *p*	Jeans
pasek, -ska	Gürtel
garnitur	Anzug
kostium	Kostüm
marynarka	Jackett, Sakko
kamizelka	Weste
skarpeta	Socke
podkolanówka	Kniestrumpf
rajstopy *p*	Strumpfhose
płaszcz, -a	Mantel
kurtka	Jacke
rękawiczka	Handschuh
szal, -a	Schal
czapka	Mütze
kapelusz, -a	Hut
pi(d)żama	Schlafanzug
kąpielówki *p*	Badehose
strój, -oju kąpielowy	Badeanzug
buty	Schuhe
kozak, -a	Stiefel

sandały — Sandalen
adidasy — Turnschuhe

Zwroty i wyrażenia
Redewendungen

Ta bluzka bardzo mi się podoba.	Diese Bluse gefällt mir sehr gut.
Wezmę ją.	Ich nehme sie.
Mogę ją przymierzyć?	Kann ich sie anprobieren?
Gdzie jest przebieralnia?	Wo ist die Umkleidekabine?
Ta sukienka jest za ciasna (dla mnie).	Das Kleid ist (mir) zu eng.
Ta spódnica jest za długa (dla mnie).	Dieser Rock ist (mir) zu lang.
Te spodnie są za krótkie (dla mnie).	Diese Hose ist (mir) zu kurz.
Ta koszulka jest za szeroka (dla mnie).	Das T-Shirt ist (mir) zu weit.
Czy ma Pani/Pan mniejszy rozmiar?	Haben Sie eine Größe kleiner?

W biurze on nosi zawsze garnitur.	Im Büro trägt er immer einen Anzug.
Chciałbym buty zimowe.	Ich hätte gerne Winterschuhe.
Te buty są za małe (dla mnie).	Diese Schuhe sind (mir) zu klein.
Czy ma Pani/Pan większy numer?	Haben Sie eine Nummer größer?
Dobrze jej w tym kapeluszu.	Dieser Hut steht ihr sehr gut.

Kolor, wzór i materiał

Farbe, Muster und Material

biała bluzka	eine weiße Bluse
niebieski sweter, -tra	ein blauer Pullover
jasnoniebieski sweter	ein hellblauer Pullover
ciemnoniebieska spódnica	ein dunkelblauer Rock
żółte bikini *unv*	ein gelber Bikini
czarne dżinsy	schwarze Jeans
brązowe buty	braune Schuhe
zielona koszulka	ein grünes T-Shirt
szare skarpety	graue Socken
czerwona sukienka w białe kropki	ein rotes Kleid mit weißen Punkten
krawat w czerwono-niebieskie paski	eine rot-blau gestreifte Krawatte

kurtka w kratkę	eine karierte Jacke
bluzka w kwiatki	eine Bluse mit einem Blumenmuster
jedwabna apaszka	ein Seidentuch
koszulka z bawełny	ein T-Shirt aus Baumwolle
skarpety z wełny	Wollsocken
buty skórzane	Lederschuhe

Stellung des Adjektivs

In der Regel steht das Adjektiv *vor* dem Substantiv, in Ausnahmefällen danach, hauptsächlich bei feststehenden Begriffen.
biała bluzka = weiße Bluse
niebieski sweter = blauer Pullover
Aber: *lody czekoladowe* = Schokoladeneis oder *Karol Wielki* = Karl der Große
In prädikativer Funktion (nach *On / Ona jest*) stehen sowohl Substantive wie auch die zugeordneten Adjektive im Instrumental:
On jest wysoki. Er ist groß.
Aber: *On jest wysokim facetem.* Er ist ein großer Typ.

Biżuteria

Schmuck

naszyjnik, -a z pereł	Perlenkette
bransolet(k)a	Armband
pierścionek, -nka z diamentów	Diamantring
kolczyk, -a ze złota	Ohrring aus Gold
modna biżuteria	Modeschmuck
zegarek, -rka na rękę	Armbanduhr

Klamotten und anderes

Im Alltag wird man häufig auf die folgenden umgangssprachlichen Ausdrücke stoßen:

autokar	Reisebus
ciuchy p	Klamotten
ciucholand	Second-Hand-Laden
facet	Typ, Kerl
fura	Karre, Auto
full wypas!	Echt krass!

Wer – vor allem im Bereich der Jugendsprache – noch mehr wissen möchte, dem sei im *sieć* (= Netz) die *witryna internetowa* (= Internetseite) www.*miejski.pl* ans Herz gelegt. Hunderte „krasser" Ausdrücke sind dort zu finden.

1 **Streichen Sie durch, was nicht passt.**

a. bluzka	~~skarpeta~~	sweter	koszula
b. kozaki	adidasy	płaszcze	sandały
c. garnitur	kamizelka	marynarka	czapka
d. spodnie	skarpety	podkolanówki	rajstopy

2 **Wie viele Wörter finden Sie? Schreiben Sie sie auf.**

płaszczapkapaszkapeluszegarekoszulkamizelka

3 **Finden Sie 9 Farben (waagrecht und senkrecht) und schreiben Sie sie auf.**

a	l	j	u	b	c	o	r	a	n	g	e	n	i
b	i	a	ł	y	ż	y	o	p	n	f	n	s	r
r	a	s	t	a	f	a	ę	r	i	e	h	z	r
i	i	n	i	b	i	s	k	i	e	d	o	a	t
k	y	o	t	o	t	t	ę	l	b	c	l	r	u
o	r	n	w	n	r	o	k	c	i	b	d	y	m
t	s	i	e	l	o	n	y	z	e	c	e	o	b
z	i	e	l	o	n	y	m	a	s	z	r	w	r
s	e	b	b	l	e	u	i	r	k	e	ą	e	ą
i	f	i	m	i	ź	z	a	n	i	r	d	i	z
e	w	e	w	ż	ó	ł	t	y	j	w	i	ń	o
g	ę	s	ż	a	l	k	i	m	i	o	o	w	w
r	o	k	w	o	t	d	ę	r	b	n	j	e	y
o	b	i	a	l	y	s	t	o	k	y	h	i	!

Einkaufen

Zwroty i wyrażenia
Redewendungen

Czy ma Pani/Pan ...?	Haben Sie ...?
Czy jest ...?	Gibt es ...?
Chciał(a)bym kupić ...	Ich möchte ... kaufen
Szukam ...	Ich suche ...
Poproszę ...	Bitte ...
Ile kosztuje kalafior?	Was kostet der Blumenkohl?
Ile kosztują pomarańcze?	Was kosten die Orangen?
drogi	teuer
tani	billig
Coś jeszcze?	Noch etwas?
Nie, dziękuję. To wszystko.	Nein, danke. Das ist alles.

Ile płacę?	Was macht das?
rabat	Rabatt
pięć procent rabatu	fünf Prozent Rabatt
wyprzedaż *f*	Schlussverkauf
wózek, -zka na zakupy	Einkaufswagen
samoobsługa	Selbstbedienung
godziny otwarcia	Öffnungszeiten

O której godzinie otwiera piekarnia?	Um wie viel Uhr öffnet die Bäckerei?
O której godzinie zamyka bank?	Um wie viel Uhr schließt die Bank?
Do której są czynne sklepy?	Wie lange haben die Geschäfte auf?
Supermarket jest otwarty od godziny 8 rano do godziny 8 wieczorem.	Der Supermarkt ist von 8 Uhr morgens bis 8 Uhr abends geöffnet.
kasa	Kasse

***Okazyjny zakup* = Schnäppchen**

oszczędzać	sparen
(za) darmo, gratis	umsonst, gratis
tani	billig, günstig
korzystny	günstig
za grosze	für wenig Geld
redukować/zredukować	reduzieren, nachlassen (im Preis)
oferta, okazja	Angebot
cena okazyjna	Sonderpreis
okazyjnie adv	zum Sonderpreis
promocja	Sonderangebot
obniżka ceny	Preisnachlass
wyprzedaż	Schlussverkauf, Ausverkauf
wyprzedaż letnia	Sommerschlussverkauf
wyprzedaż zimowa	Winterschlussverkauf

Liczby, ilości i opakowanie
Zahlen, Mengen und Verpackung

zero – jeden, jedna, jedno – dwa, dwie, dwa	0 – 1 – 2
trzy – cztery – pięć	3 – 4 – 5
sześć – siedem – osiem – dziewięć – dziesięć	6 – 7 – 8 – 9 – 10
jedenaście – dwanaście – trzynaście – czternaście	11 – 12 – 13 – 14
piętnaście – szesnaście – siedemnaście	15 – 16 – 17
osiemnaście – dziewiętnaście – dwadzieścia	18 – 19 – 20
dwadzieścia jeden – dwadzieścia dwa/dwie	21 – 22
trzydzieści trzy – trzydzieści cztery	33 – 34
czterdzieści – pięćdziesiąt – sześćdziesiąt	40 – 50 – 60
siedemdziesiąt – osiemdziesiąt – dziewięćdziesiąt	70 – 80 – 90
sto – sto jeden – sto dziewięćdziesiąt dziewięć	100 – 101 – 199
dwieście – trzysta – czterysta – pięcset	200 – 300 – 400 – 500
sześćset – siedemset – osiemset – dziewięćset	600 – 700 – 800 – 900
tysiąc – dwa tysiące – pięć tysięcy	1.000 – 2.000 – 5.000
milion – dwa miliony – pięć milionów	1.000.000 – 2.000.000 – 5.000.000

miliard – dwa miliardy – pięć miliardów	1.000.000.000 – 2.000.000.000 – 5.000.000.000
pierwszy – drugi – trzeci – czwarty – piąty	1. – 2. – 3. – 4. – 5.
szósty – siódmy – ósmy – dziewiąty – dziesiąty	6. – 7. – 8. – 9. – 10.
butelka wody mineralnej	eine Flasche Mineralwasser
litr, -a mleka	ein Liter Milch
10 deka salami	100 Gramm Salami
dwa kilo jabłek	zwei Kilo Äpfel
paczka ciastek	eine Schachtel Kekse
puszka sardynek	eine Dose Sardinen
skrzynka piwa	ein Kasten Bier
z kaucją	mit Pfand

2 – 4 vs. 5 ff.

Beim gezählten Substantiv ist eine Besonderheit zu beachten: Die Zahlen zwei, drei, vier sowie deren Kombinationen (22, 23, 24; 32, 33, 34; 42, 43, 44, etc.) verlangen den Nominativ Plural. Ausnahme ist 12, 13 und 14.
Ab der Zahl fünf und in deren Kombinationen (15, 16, ...; 25, 26, ...; 35, 36, ... etc.) wird die Pluralform des Genitiv verwendet.
Wichtig ist dies natürlich vor allem im Geldverkehr mit *złoty* = Zloty und *grosze* = Groschen:
1 zł – jeden złoty; 2 zł – dwa złote; 5 zł – pięć złotych
aber: *12 zł – dwanaście złotych; 13 zł – trzynaście złotych;*
14 zł – czternaście złotych
22 zł – dwadzieścia dwa złote; 25 zł – dwadzieścia pięć złotych

1 gr – jeden grosz; 2 gr – dwa grosze; 5 gr – pięć groszy
aber: *12 zł – dwanaście groszy; 13 gr – trzynaście groszy;*
14 gr – czternaście groszy
22 gr – dwadzieścia dwa grosze; 25 gr – dwadzieścia pięć groszy

Sklepy i towary
Geschäfte und Waren

Na rynku	**Auf dem Markt**
pomarańcza	Orange
jabłko	Apfel
gruszka	Birne
wiśnia – czereśnia	Sauerkirsche – Süßkirsche
truskawka	Erdbeere
brzoskwinia	Pfirsich
winogrono	Weintraube
ananas	Ananas
cytryna	Zitrone
śliwka	Pflaume
ziemniak, -a	Kartoffel
pomidor, -a	Tomate
ogórek, -rka	Gurke
papryka	Paprika
sałata	Kopfsalat
marchew, -chwi	Karotte
cebula	Zwiebel
czosnek, -nku	Knoblauch

W piekarni	**In der Bäckerei**
chleb	Brot
bułka	Brötchen
ciasto	Kuchen
tort	Torte

W sklepie mięsnym	In der Metzgerei
mięso	Fleisch
wieprzowina	Schweinefleisch
wołowina	Rindfleisch
cielęcina	Kalbfleisch
baranina	Lammfleisch
kura (na rosół)	(Suppen)Huhn
mięso mielone	Hackfleisch
boczek, -czku	Speck
szynka	Schinken
kiełbasa	Wurst

W sklepie rybnym	Im Fischgeschäft
łosoś, -sia	Lachs
pstrąg, -a	Forelle
śledź, -dzia	Hering
sandacz, -a	Zander
karp, -ia	Karpfen
tuńczyk, -a	Thunfisch
owoce morza	Meeresfrüchte

W kwiaciarni	Im Blumenladen
kwiat	Blume
bukiet róż	ein Strauß Rosen
roślina	Pflanze
nawóz, -ozu	Dünger

W sklepie z winami	In der Weinhandlung
wino czerwone	Rotwein
wino białe	Weißwein
wino rosé	Rosé

W sklepie z napojami	Im Getränkemarkt
piwo	Bier
napoje alkoholowe	alkoholische Getränke
bezalkoholowy	alkoholfrei
napój orzeźwiający	Erfrischungsgetränk
lemoniada	Limonade
sok pomarańczowy	Orangensaft
woda mineralna	Mineralwasser
gazowany	mit Kohlensäure
niegazowany	ohne Kohlesäure
sherry *unv*	Sherry
wino musujące	Schaumwein
szampan, -a	Champagner

W aptece	In der Apotheke
lek	Medizin
tabletka	Tablette
syrop na kaszel	Hustensaft
plaster, -tra	Pflaster
opatrunek, -nku	Verband
maść *f*	Salbe
herbata ziołowa	Kräutertee

Nabiał	Milchprodukte und Eier
mleko	Milch
jogurt	Joghurt
twaróg, -ogu	Quark
śmietana	Sahne
śmietanka do kawy	Kaffeesahne
masło	Butter
ser, -a	Käse
jajka	Eier

W supermarkecie	**Im Supermarkt**
dżem	Marmelade
miód, -odu	Honig
muesli *unv*	Müsli
mąka	Mehl
cukier, -kru	Zucker
chusteczka higieniczna	Taschentuch
papier toaletowy	Toilettenpapier
środki czystości	Reinigungsmittel
pielucha	Windel
pasta do zębów	Zahnpasta
szczoteczka do zębów	Zahnbürste
mydło	Seife
żel pod prysznic	Duschgel
zapalniczka	Feuerzeug

4 Test

1 Unterstreichen Sie die richtige Schreibweise der Zahlen.

a. dziewięć	dziewięc	dziewiąć	dziewieć
b. jedenasćie	jedenaśćie	jedenaście	jedenascie
c. siósty	szósty	szosty	siosty
d. sześćdziesiąt	sześćdziesiat	sieśćdziesiąt	sześcdziesiąt

2 Streichen Sie durch, was nicht passt.

a. ~~jabłko~~	ananas	cytryna	pomarańcza
b. piwo	sok	wino	szampan
c. chleb	bułka	ciasto	ryba
d. mleko	twaróg	mąka	masło

3 Ordnen Sie die Waren den passenden Geschäften zu.

a. tort	supermarket
b. pstrąg	piekarnia
c. syrop na kaszel	sklep z napojami
d. cukier	sklep rybny
e. roślina	apteka
f. lemoniada	kwiaciarnia

4 Schreiben Sie die Zahlen als Ziffern.

a. cztery: ______________________

b. czterdzieści: ______________________

c. osiemdziesiąt: ______________________

d. osiemnaście: ______________________

e. sto jeden: ______________________

f. dwa miliony: ______________________

5 Nummerieren Sie den Dialog in der richtigen Reihenfolge.

____ Proszę! Coś jeszcze?
____ Niestety, ale nie ma bułek. Coś innego?
____ Dzień dobry! Proszę?
____ Coś bezalkoholowego, proszę! Czy ma Pani sok?
__1__ Dzień dobry!
____ Mamy sok jabłkowy i sok pomarańczowy.
____ Poproszę coś do picia.
____ Wezmę sok pomarańczowy.
____ Nie, to wszystko!
____ Coś alkoholowego czy bezalkoholowego?
____ Tak, poproszę jeszcze 3 bułki.
____ Coś jeszcze?
____ Wezmę pół chleba.

Schule und Beruf

Szkoła
Schule

uczeń, -nia – uczennica	Schüler – Schülerin
nauczyciel, -a – nauczycielka	Lehrer – Lehrerin
uczyć/nauczyć	unterrichten, lehren
uczyć/nauczyć się	lernen
uniwersytet	Universität
student, -a – studentka	Student – Studentin
odrabiać/odrobić zadanie domowe	Hausaufgaben machen
składać/złożyć egzamin	eine Prüfung ablegen
zdawać/zdać egzamin	eine Prüfung bestehen
oblewać/oblać egzamin	bei einer Prüfung durchfallen
matura	Abitur
świadectwo	Zeugnis
dostawać/dostać dobre oceny	gute Noten bekommen [in Polen ist die beste Schulnote die 6]

Schule und Lehre in Polen

Im Gegensatz zu Deutschland ist das Bildungswesen in Polen weitgehend zentral organisiert. Der Schulbesuch an öffentlichen Schulen ist kostenlos. Neben den öffentlichen Schulen gibt es auch zahlreiche Privatschulen. Die allgemeine Schulpflicht besteht vom sechsten bis zum 18. Lebensjahr.
Am besten lässt sich das System anhand einer Grafik darstellen:

	przedszkole = Vorschule 1 Jahr		ab dem 6. Lebensjahr obligatorisch
	szkoła podstawowa = Grundschule 6 Jahre		ab dem 7. Lebensjahr obligatorisch
	gimnazjum ≅ Mittelschule 3 Jahre		ab dem 13. Lebensjahr obligatorisch
liceum ≅ Gymnasium 3 Jahre	*technikum* = Technische Oberschule 4 Jahre	*szkoła zawodowa* = Berufsschule 2-3 Jahre	ab dem 16. Lebensjahr wahlweise
matura = Abitur (ggf.) *studia p* = Studium		*życie zawodowe* = Berufsleben	

Zawód
Beruf

praca	Arbeit
pracować	arbeiten
oferta pracy	Stellenangebot
ubieganie się o pracę	Bewerbung
aplikacja *s*	Bewerbungsunterlagen
życiorys	Lebenslauf
rozmowa kwalifikacyjna	Vorstellungsgespräch
cały/pełny etat	Vollzeit
pół etatu	Teilzeit
ruchomy czas pracy	flexible Arbeitszeit
umowa o pracę	Arbeitsvertrag
pensja	Gehalt
sprzedawca – sprzedawczyni	Verkäufer – Verkäuferin
sklep	Geschäft
dom towarowy	Kaufhaus
sprzedawać/sprzedać	verkaufen
doradzać/doradzić klientowi	Kunden beraten
urzędnik, -a	Angestellter
biuro	Büro
lekarz, -a – lekarka	Arzt – Ärztin
On jest lekarzem.	Er ist Arzt.
Ona jest lekarką.	Sie ist Ärztin.
stomatolog, -a/dentysta – dentystka	Zahnarzt – Zahnärztin
szpital	Krankenhaus
pielęgniarz, -a – pielęgniarka	Krankenpfleger – Krankenschwester
architekt, -a	Architekt
budować/zbudować dom	ein Haus bauen
inżynier, -a	Ingenieur

zakład przemysłowy	Industriebetrieb
adwokat, -a	Anwalt
sąd	Gericht
kelner, -a – kelnerka	Kellner – Kellnerin
serwować potrawy i napoje	Speisen und Getränke servieren
dziennikarz, -a	Journalist
pisać/napisać artykuł	Artikel schreiben
gospodyni domowa	Hausfrau
troszczyć/zatroszczyć się o rodzinę	sich um die Familie kümmern
ogrodnik, -a	Gärtner
pracować w ogrodzie	im Garten arbeiten
handlowiec, -wca	Kaufmann
biuro pozdróży	Reisebüro
mechanik, -a samochodowy	Automechaniker
warsztat samochodowy	Auto(reparatur)werkstatt
piekarz, -a	Bäcker
piec/upiec chleb	Brot backen
rzeźnik, -a	Metzger
rzeźnia	Metzgerei; Schlachterei
masarnia	Metzgerei (für Wurstwaren)
fryzjerka	Friseurin
salon fryzjerski	Friseursalon
szewc, -a	Schuster
reperować/zreperować buty	Schuhe reparieren
księgowy, -ego	Buchhalter
aktor, -a – aktorka	Schauspieler – Schauspielerin

5 Test

1 **Schreiben Sie das Gegenteil der folgenden Verben auf.**

a. uczyć ______________________

b. oblewać ______________________

c. sprzedawać ______________________

d. nakrywać ______________________

2 **Finden Sie 10 Berufe (waagrecht oder senkrecht) und schreiben Sie sie auf.**

a	r	p	a	t	e	k	p	a	r	l	a	d
h	a	n	d	l	o	w	i	e	c	ę	k	z
a	r	a	w	t	g	r	e	k	i	e	o	i
r	c	m	o	n	r	m	k	w	m	g	g	e
d	h	o	k	e	o	ł	a	o	a	z	r	n
ł	i	n	a	r	d	e	r	g	r	l	ó	n
o	t	c	t	w	n	k	z	r	y	e	d	i
w	e	ą	t	ś	i	o	t	o	n	k	n	k
s	k	e	l	n	e	r	a	d	a	a	i	a
z	t	s	ż	ś	z	e	f	n	r	r	k	r
e	e	r	i	n	ź	y	n	i	k	k	e	z
w	k	i	n	d	l	n	i	k	q	a	d	l
c	i	n	ż	y	n	i	e	r	k	ą	d	o

____

____

3 Wer arbeitet wo? Ordnen Sie zu.

a. aktor	sklep
b. architekt	sąd
c. kelner	biuro
d. ogrodnik	dom
e. lekarz	restauracja
f. urzędnik	ogród
g. adwokat	szpital
h. sprzedawczyni	teatr

6 Kommunikation

Media
Medien

gazeta	Zeitung
czasopismo	Zeitschrift
abonować/zaabonować gazetę	eine Zeitung abonnieren
książka	Buch
powieść *f*	Roman
list	Brief
list polecony	Einschreiben
poczta lotnicza	Luftpost
karta pocztowa	Postkarte
radio	Radio
telewizor, -a	Fernsehen
wiadomości	Nachrichten
telefon	Telefon
dzwonić/zadzwonić	anrufen
telefonować/zatelefonować	telefonieren
wybierać/wybrać numer telefoniczny	Telefonnummer wählen
taryfa ryczałtowa	Pauschaltarif
automatyczna sekretarka	Anrufbeantworter
komórka	Handy
SMS	SMS
faks	Fax
faksować	faxen
e-mail	E-Mail
Jak jest twój adres e-mailowy?	Wie ist deine E-Mail-Adresse?
dostęp do internetu	Zugang ins Internet
surfować w internecie	im Internet surfen
hasło	Passwort

strona internetowa	Website
link	Link
czat (internetowy)	Chat
rozmawiać z kimś na czacie	sich mit jmd im Chat unterhalten
wyszukiwarka	Suchmaschine

Znak e-mailowy
E-Mail-Zeichen

znak @	@-Zeichen
kropka	Punkt
ukośnik	Schrägstrich, Slash
lewy ukośnik	negativer Schrägstrich, Backslash
podkreślnik, -a	Unterstrich
minus	minus

Komputer
Computer

laptop	Laptop
włączać/włączyć	hochfahren
wyłączać/wyłączyć	abschalten
użytkownik, -a	Nutzer
operator, -a	Betreiber
klawiatura	Tastatur
ekran	Bildschirm
CD-ROM *f*	CD-ROM
DVD *f*	DVD
karta pamięci	Speicherkarte
dysk twardy	Festplatte
kopia zapasowa	Sicherungskopie
myszka	Maus
klikać/kliknąć na coś	etw. anklicken

dane	Daten
pobierać/pobrać (z sieci)	herunterladen (aus dem Netz)
podawać/podać	eingeben
zapisywać/zapisać	abspeichern
przenosić/przenieść	übertragen
czyścić/wyczyścić	löschen
plik	Datei
pamięć *f* operacyjna	Arbeitsspeicher
pojemność pamięci	Speicherkapazität
drukarka	Drucker
drukować/wydrukować	(aus)drucken
wirus	Virus
program antywirusowy	Virenschutzprogramm
system operacyjny	Betriebssystem

Zwroty i wyrażenia

Redewendungen

Słucham. [Übliche Floskel am Telefon]	(Erika) Mustermann. [In Deutschland meist Nennung des Namens]
Czy jest twoja mama?	Ist deine Mutter da?
Kto mówi?	Wer ist am Apparat?
Mogę rozmawiać z kierownikiem/dyrektorem?	Kann ich bitte mit dem Geschäftsführer/Direktor sprechen?
Chwileczkę, proszę!	Einen Augenblick bitte.
Łączę Panią/Pana.	Ich verbinde Sie.
Proszę zaczekać przy telefonie.	Bitte bleiben Sie am Apparat.
On nie odpowiada.	Er antwortet nicht.
Numer (jest) zajęty.	Es ist besetzt.
Czy Pani jest jego sekretarką?	Sind Sie seine Sekretärin?

Nie ma go w biurze.	Er ist nicht im Büro.
Proszę, żeby do mnie zadzwonił.	Er soll mich bitte zurückrufen.
Czy mogę zostawić wiadomość?	Kann ich eine Nachricht hinterlassen?
Kiedy wróci?	Wann wird er zurück sein?
Zadzwonię (jeszcze raz) za godzinę.	Ich rufe in einer Stunde (noch einmal) an.
Nie słyszę Pani/Pana dobrze.	Ich kann Sie nicht verstehen.
Przepraszam, to pomyłka.	Entschuldigung, ich habe mich verwählt.
pytać/spytać	fragen
odpowiedzieć/odpowiadać	antworten
Uważam, że ...	Ich meine, dass ...
Nie sądzę, że ...	Ich glaube nicht, dass ...
Moim zdaniem ...	Meiner Meinung nach ...
Co myślisz (na ten temat)?	Was meinst du (zu diesem Thema)?
W porządku!	In Ordnung.
Zgadzasz się?	Bist du einverstanden?
Nie zgadzam się z tobą.	Ich stimme nicht mit dir überein.
Czy masz wątpliwości?	Hast du Zweifel?
odrzucać/odrzucić propozycję	einen Vorschlag ablehnen
akceptować/zaakceptować	akzeptieren
rozmyślać nad/o czymś	über etwas nachdenken

krótko ...	kurz ...
Czy właściwie słuchasz mnie?	Hörst du mir überhaupt zu?
Nie zrozumiałe(a)m tego.	Ich habe das nicht verstanden.
Czy Pani mogłaby/Pan mógłby to powtórzyć?	Könnten Sie das wiederholen?
Mam problem.	Ich habe ein Problem.
Czy ma Pani/Pan jakiś pomysł?	Haben Sie eine Idee?
Co chcesz przez to powiedzieć?	Was willst du damit sagen?
To znaczy, że ...	Das bedeutet, dass ...
Proszę mówić trochę głośniej!	Sprechen Sie bitte etwas lauter!
ciszej	leiser
wyraźniej	deutlicher
wolniej	langsamer

Nicht nur Anglizismen

Die Flut der Anglizismen hat das Polnische längst erreicht. Beispiele finden sich in vielen Bereichen des Alltagslebens:
terminologia naukowo-techniczna: komputer, trend, walkman, bajt, driver, serwer, skaner, joystick;
sport: aut, badminton, derby, doping, dżokej, hokej, mecz, net, rugby, set, team, tenis;
kultura i rozrywka: blues, bestseller, disco, DJ (disc jockey), drink, fan, happening, hit, hobby, longplay, musical, party, pop, puzzle, pub, rock, serial, singel, remake, wideoklip, quiz;
ekonomia, handel, przedsiębiorczość: biznes(men), boom, boss, broker, holding, joint venture, leasing, menedżer, sponsor;
moda: dżinsy, dżersej, topless, lycra;
polityka: establishment, lobby, lider (partii), budżet;
zdrowie I uroda: jogging, aerobic, lifting, peeling;
życie codzienne: baby-sitter, market, happy end, logo, marker, notebook, puzzle, show, thriller, weekend;
żywność: fast food, cheeseburger, dressing, sandwich, grill, hamburger, hot dog, lunch, popcorn, tost.

Jedoch gibt es immer noch viele Begriffe auch aus dem technischen Bereich, die sich behauptet haben, wie

komórka	statt	Handy
wywiad	statt	Interview
sieć	statt	*net* = Netz
strona www	statt	Homepage

Deutsche Entlehnungen

Ebenso interessant ist die Geschichte der Entlehnungen aus dem Deutschen, die schon vor rund 1000 Jahren begann. Aus dieser frühen Phase kennen wir zum Beispiel: *kupować* = kaufen, *dziękować* = danken, *młyn* = Mühle, *pieniądze p* < Pfennig = Geld oder *biskup* = Bischof.
Aus dem Hoch- und Spätmittelalter kennen wir *farba* = Farbe, *malarz* = Maler, *burmistrz* = Bürgermeister, *budować* = bauen, *gwałt* = Gewalt, *cegła* = Ziegel, *ratusz* = Rathaus oder *smak* = Geschmack.
Die Neuzeit (ab 1600) kennt Wörter wie *szwagier* = Schwager, *hochsztapler* = Hochstapler, *frajda* = Freude, *fajrant* = Feierabend oder *szrot* = Schrott. Auch heutzutage gibt es Begriffe wie *intercity* oder *autohaus*, die ins Polnische gelangt sind.
Abschließend sei noch auf regionale Begriffe wie *kartofle p* = Kartoffeln hingewiesen, die sich in Gegenden mit ehemals deutscher Besiedlung (in diesem Fall *Śląsk* = Schlesien) gehalten haben.

1 **Lösen Sie das Kreuzworträtsel mithilfe folgender Hinweise und schreiben Sie das Lösungswort auf.**

a. „Netzgequassel"
b. Sie macht das Frühstück erst interessant.
c. Damit schützen Sie Ihre Daten.
d. Ohne den Gutenberg nicht zu denken.
e. ...
f. Schmöker
g. Klassiker, von der E-Mail bedroht
h. Ein Fax schicken
i. Täglich im Radio oder Fernsehen
j. Wird immer kleiner (und leichter)

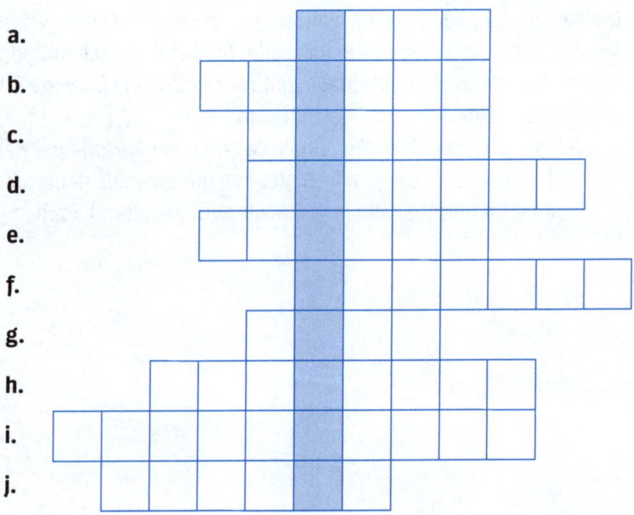

Lösungswort: ______________________________

2 Nummerieren Sie den Dialog in der richtigen Reihenfolge.

____ Dobrze, muszę zapytać mojego szefa. Dziękuję bardzo.
__1__ Słucham!
____ Przepraszam, nie słyszę Pana dobrze.
____ Do widzenia.
____ Gdzie ona mieszka w Warszawie?
____ Nie ma za co. Do widzenia.
____ Numer do Anny Nowak w Warszawie, proszę.
____ Niestety, nie wiem.
____ Dzień dobry! Chciałbym otrzymać numer do Anny Nowak w Warszawie.
____ To nie jest możliwe, ponieważ w Warszawie mieszka wiele Ann Nowak.

3 Ordnen Sie die folgenden Verben den Begriffen zu. Schreiben Sie sie auf die Linien.

wprowadzać	zapisywać	czytać	~~abonować~~
pisać	dzwonić	czytać	czyścić
telefonować	zapisywać	czyścić	pobierać

____ ____ ← dane → ____ ____

____ ____ ← telefon

abonować ____ ← gazeta

____ ____ ← e-mail → ____ ____

Freizeit

Ferie – urlop
Ferien – Urlaub

urlop letni	Sommerurlaub
sezon turystyczny	Hauptsaison
okres przed i po sezonie	Nebensaison
święto	Feiertag

Organizacja czasu wolnego
Freizeitgestaltung

czytać/przeczytać	lesen
Czytam chętnie.	Ich lese gern.
powieść *f*	Roman
kryminał	Krimi
słuchać muzyki	Musik hören
Wolę słuchać muzyki.	Ich höre lieber Musik.
oglądać telewizję	fernsehen
gra komputerowa	Computerspiel
krzyżówka	Kreuzworträtsel
jeździć/jechać rowerem	Rad fahren
jeździć/jechać na wrotkach	Rollschuh laufen
jeździć/jechać na łyżwach	Schlittschuh laufen
grać w piłkę nożną	Fußball spielen
stadion	Fußballstadion
piłka ręczna	Handball
siatkówka	Volleyball
lekkoatletyka	Leichtathletik
tenis	Tennis
tenis stołowy	Tischtennis

uprawiać jogging, biegać	joggen, laufen
iść na spacer	spazieren gehen
wędrować	wandern
jechać na wycieczkę	einen Ausflug machen
żeglować	segeln
wiosłować	rudern
pływać/płynąć kajakiem	mit dem Kajak fahren
robótka	Handarbeit
szyć/uszyć	nähen
malować	malen
rysować	zeichnen
obraz	Bild
paralotniarstwo	Gleitschirmfliegen
iść do fitness clubu	ins Fitnessstudio gehen
gimnastyka	Gymnastik
aerobik	Aerobic
wychodzić razem z przyjaciółmi	mit Freunden ausgehen

knajpa	Kneipe
tańczyć/zatańczyć	tanzen
dyskoteka	Diskothek
iść do teatru	ins Theater gehen
kino	Kino
koncert	Konzert

opera	Oper
muzeum	Museum
wystawa	Ausstellung
pływać/płynąć	schwimmen
jezioro	See
morze	Meer
plaża	Strand
zbierać/zebrać muszle	Muscheln sammeln
opalać/opalić się	sich sonnen
podróżować	reisen
odbywać/odbyć podróż	eine Reise machen
rejs	Kreuzfahrt

Święta
Feste

obchodzić święta	Feste feiern
urodziny *p*	Geburtstag
imieniny *p*	Namenstag
Wszystkiego najlepszego z okazji imienin!	Herzlichen Glückwunsch zum Namenstag!
wesele *n*	Hochzeit
rocznica ślubu	Hochzeitstag
jubileusz	Jubiläum
Boże Narodzenie	Weihnachten
Wesołych Świąt!	Frohe Weihnachten!
prezent	Geschenk
darować/podarować	schenken
sylwester, -tra	Silvester
Szczęśliwego Nowegu Roku!	Ein gutes neues Jahr!
Wielkanoc *fs*	Ostern
robić grilla	eine Grillparty machen
zaprosić przyjaciół	Freunde einladen

gość, -cia *m* — Gast
gospodarz – gospodyni — Gastgeber – Gastgeberin

Życzenia
Gute Wünsche

Dobrej zabawy! — Viel Spaß!
Szczęśliwej podróży! — Gute Reise!
Powodzenia! — Viel Glück!

Ausnahmen bei der Pluralbildung

Nom Sg.		Nom Pl.	Gen. Pl.
mieszczanin	Bürger	*mieszczanie*	*mieszczan*
mężczyzna	Mann	*mężczyźni*	*mężczyzn*
brat	Bruder	*bracia*	*braci*
ksiądz	Priester	*księża*	*księży*
przyjaciel	Freund	*przyjaciele*	*przyjaciół*
dziecko	Kind	*dzieci*	*dzieci*
oko	Auge	*oczy*	*oczu*
ucho	Ohr	*uszy*	*uszu*
człowiek	Mensch	*ludzie*	*ludzi*
rok	Jahr	*lata*	*lat*

7 Test

1 Streichen Sie durch, was nicht passt.

a. malować | rysować | ~~tańczyć~~ | podróżować

b. żeglować | biegać | wiosłować | pływać

c. piłka nożna | siatkówka | krzyżówka | piłka ręczna

d. muzeum | wystawa | koncert | kino

2 Unterstreichen Sie die richtige Schreibweise.

a. zeglować | żeglować | zęglować | żęglować

b. jeździć | jeżdżić | jeźdżić | jeżdźić

c. imieny | imienininy | imieniny | imienny

d. sbierać | zbierąć | sbierąć | zbierać

3 **Ordnen Sie die Wörter den Themen „Sport“ und „Erholungsurlaub“ zu.**

aerobik	biegać (2x)	iść do sali do fitnessu
jeździć na łyżwach (2x)	jeździć rowerem (2x)	jezioro
lekkoatletyka	morze	odbywać podróż
opalać się	plaża	podróżować
rejs	siatkówka	tenis stołowy
wędrować	wiosłować	zbierać muszle

Sport	**Urlop**
______	______
______	______
______	______
______	______
______	______
______	______
______	______
______	______
______	______
______	______
	______
	______

8 Restaurant

Zwroty i wyrażenia
Redewendungen

Chciałbym zarezerwować stół.	Ich möchte einen Tisch reservieren.
dla dwóch osób	für zwei Personen
na dwudziestą	für zwanzig Uhr
Czy podać coś do jedzenia – picia?	Was möchten Sie essen – trinken?
Smacznego!	Guten Appetit!
Czy mogłaby/mógłby mi Pani/Pan podać piwo?	Bringen Sie mir bitte ein Bier. [ausgesprochen höflich]

Poproszę piwo.	Bitte ein Bier. [normal]

Poproszę jeszcze trochę chleba.	Noch etwas Brot, bitte.
Jeszcze jedno piwo, proszę.	Noch ein Bier, bitte.
Poproszę o rachunek.	Die Rechnung, bitte.

Posiłki
Mahlzeiten

śniadanie	Frühstück
jeść/zjeść śniadanie	frühstücken
obiad	Mittagessen
jeść/zjeść obiad	zu Mittag essen
kolacja	Abendessen
jeść/zjeść kolację	zu Abend essen
przekąska	Zwischenmahlzeit
spożywać/spożyć przekąskę	eine Zwischenmahlzeit einnehmen

Dania
Gerichte

menu dnia	Tagesmenü
trzy dania	drei Gänge
przystawka	Vorspeise
danie główne	Hauptgericht
deser	Nachspeise
sałata	grüner Salat
sałatka z pomidorów	Tomatensalat
surówka	Rohkostsalat
zupa	Suppe
Zupa jest przesolona.	Die Suppe ist versalzen.
rosół	Fleischbrühe
wywar (z jarzyn)	Gemüsebrühe
mięso	Fleisch

pieczeń wieprzowa	Schweinebraten
kotlet	Kotelett
bigos	Bigos [gedünstetes Sauerkraut mit Fleisch]
gulasz	Gulasch
pieczone kurczę	Brathähnchen
dodatki	Beilagen
gotowane ziemniaki	Salzkartoffeln
frytki	Pommes Frites
smażone ziemniaki	Bratkartoffeln
ryż	Reis
makaron	Nudeln
sos pomidorowy	Tomatensoße
sos do pieczeni	Bratensoße
ryba	Fisch
ryba smażona	gebratener Fisch
jajecznica	Rührei
lody *p*	Speiseeis
lody bakaliowe	Eis mit Trockenfrüchten und Nüssen
budyń, -niu karmelowy	Karamellpudding
sałatka owocowa	Obstsalat

Przepis na bigos = Rezept für Bigos (6 Personen)

Składniki = Zutaten:

- _2 kg kapusty_	2 kg Weißkohl
- _0,5 kg świeżego boczku_	500 g frischen Speck
- _0,5 kg karkówki lub łopatki_	500 g Schweinekamm oder -schulter
- _0,5 kg kiełbasy głogowskiej (śląskiej)_	500 g Glogauer (Schlesische) Wurst
- _20 dkg kiełbasy jałowcowej_	200 g Wacholderwurst
- _30 dkg pieczarek lub grzybów suszonych_	300 g Champignons oder getrocknete Pilze
- _4 sztuki suszonych śliwek (bez pestek)_	4 getrocknete Pflaumen (entsteint)
- _ziele angielskie, liście laurowe, pieprz, sól_	Pimentkörner, Lorbeerblätter, Pfeffer, Salz
- _2 cebule_	2 Zwiebeln
- _1 słoiczek koncentratu pomidorowego_	1 Gläschen Tomatenmark

Sposób przygotowanie = Zubereitung:

- _Kapustę zalać wodą, dodać ziele angielskie, liście laurowe. Mięso podsmażyć na tłuszczu, pokroić w kostkę, dodać do kapusty. Kiełbasę pokroić w kostkę, podsmażyć razem z cebulką na tłuszczu, dodać do kapusty. Dodać pieczarki pokrojone lub grzybki suszone wcześniej namoczone i obgotowane w wodzie, w której się moczyły, oraz śliwki. Gotować bigos na wolnym ogniu, pod koniec gotowania dodać koncentrat pomidorowy, dobrze wymieszać, doprawić do smaku solą i pieprzem._
- Den Weißkohl mit Wasser übergießen. Pimentkörner und Lorbeerblätter dazugeben. Das Fleisch im Fett anbraten, in Stücke schneiden und zum Kohl geben. Die Würste in Scheiben schneiden und mit Zwiebeln im Fett anbraten, dann zum Kraut hinzugeben. Die Champignons oder in Wasser eingeweichte und vorgekochte getrocknete Pilze mit den Pflaumen zum Kraut geben. Das Bigos auf kleiner Flamme kochen, am Ende das Tomatenmark dazugeben, gut vermischen und mit Salz und Pfeffer abschmecken.

Polen – Land der Suppen

Es geht das Gerücht, dass es in Polen ohne weiteres möglich ist, mindestens ein Jahr lang jeden Tag eine andere Suppe zu kosten. Eine (kleine) Auswahl:

rosół	Hühnerbrühe
kapuśniak	Sauerkrautsuppe
żurek	Sauerteigsuppe
barszcz czerwony	Rote-Bete-Suppe
krupnik	Graupensuppe
czernina	Suppe mit Enten- oder Hühnerblut
gramatka/faramuszka	Biersuppe
zupa grzybowa	Pilzsuppe
zupa pomidorowa	Tomatensuppe
zupa ogórkowa	Salzgurkensuppe
zupa szczawiowa	Sauerampfersuppe

Für die meisten Suppen sind die Rezepte im *sieć* (= Netz) zu finden.

Napoje
Getränke

aperitif	Aperitif
woda mineralna	Mineralwasser
gazowany – niegazowany	mit – ohne Kohlensäure
sok jabłkowy	Apfelsaft
sok pomarańczowy	Orangensaft
lemoniada	Limonade
piwo	Bier
wino czerwone	Rotwein
wino białe	Weißwein
szampan, -a	Champagner
wódka	Schnaps
koniak	Kognak

espresso	Espresso
kawa	Kaffee
z mlekiem	mit Milch
bez cukru	ohne Zucker

Nakrycie do stołu
Tischgedeck

talerz	Teller
szklanka	Glas [für Saft u.ä.]
kieliszek, -szka	Glas [eher für alkoholische Getränke]
filiżanka	Tasse
spodek, -dka	Untertasse
miska	Schüssel
salaterka	Salatschüssel
sztućce, -ów *p*	Besteck
nóż, noża	Messer
widelec, -lca	Gabel
łyżka	Löffel
łyżeczka do herbaty	Teelöffel
serwetka	Serviette
obrus	Tischdecke
sól, soli *f*	Salz
pieprz	Pfeffer
ocet, octu	Essig
olej	Öl
wykałaczka	Zahnstocher

Test 8

1 **Vervollständigen Sie die Wörter mit den fehlenden Buchstaben.**

a. re___erwować

b. ___niadanie

c. sa___ata

d. sur___wka

2 **Nummerieren Sie den Dialog in der richtigen Reihenfolge.**

____ Niestety, ale soku grejpfrutowego nie ma.
____ Dobrze, dwa piwa.
____ Dzień dobry! Proszę?
____ Niestety, ale soku pomarańczowego też nie ma.
____ Czy można prosić o kartę?
__1__ Dzień dobry!
____ Proszę bardzo. Czy podać coś do picia?
____ Mamy tylko piwo i wodę mineralną.
____ Tak. Dla żony piwo, a dla mnie sok grejpfrutowy.
____ Wezmę sok pomarańczowy.
____ A co Pan ma?

3 **Stellen Sie mithilfe der angegebenen Wörter eine Speisekarte (*karta dań*) zusammen.**

bigos	budyń karmelowy	gulasz
kotlet	lody bakaliowe	pieczeń wieprzowa
pieczone kurczę	ryba smażona	sałatka owocowa
sałatka z pomidorów	surówka	zupa grzybowa

Przystawki:

____

____

____

Dania główne:

____

____

____

____

____

____

Desery:

____

____

____

9 Hotel

Rodzaje miejsc noclegowych
Arten von Unterkünften

hotel czterogwiazdkowy	Vier-Sterne-Hotel
pensjonat	Pension
zajazd	Gasthof
schronisko młodzieżowe	Jugendherberge
mieszkanie wakacyjne	Ferienwohnung
z dwoma sypialniami	mit zwei Schlafzimmern
kemping	Campingplatz
domek, -mku (wczasowy)	(Ferien-)Häuschen [meist aus Holz, oft bei Campingplätzen]
samochód, -odu kempingowy	Wohnmobil
namiot	Zelt
wyjeżdżać/wyjechać pod namiot	zelten (gehen)
pole namiotowe	Zeltplatz

Falsche Freunde

pensja	Lohn
pensjonat	Pension (zum Übernachten)
emerytura	Pension (eines Rentners)
konkurs	Wettbewerb
upadłość	Konkurs
kryminalista	Krimineller, Verbrecher
kryminalistyk, -a	Kriminalist
golf	1. Golf (Sport) 2. Pullover
zatoka	Golf (geografisch)
kwota	Betrag
udział procentowy	Quote
awaria	Panne, Störung

wypadek, -dku (na morzu)	Havarie (eines Schiffes)
klient	Kunde (allgemein), auch Klient (speziell)
mizeria	Gurkensalat
nędza	Misere

Zwroty i wyrażenia
Redewendungen

Chcę zarezerwować pokój.	Ich möchte ein Zimmer reservieren.
anulować	stornieren
recepcja	Rezeption
Nie mamy już wolnych miejsc.	Wir sind ausgebucht.
Czy ma Pani/Pan pokój jednoosobowy?	Haben Sie ein Einzelzimmer?
pokój, -oju dwuosobowy	Doppelzimmer
łóżeczko dziecięce	Kinderbett
pokój z łazienką	Zimmer mit Bad
pokój z prysznicem	mit Dusche
spokojny pokój	ruhiges Zimmer
z widokiem na morze	mit Meerblick
położony centralnie	zentral gelegen

Czy jest sauna?	Gibt es eine Sauna?
sala do fitnessu	Fitnessraum
pływalnia	Schwimmbad
winda	Aufzug
sejf	Safe
łącze *n* internetowe	Internet-Anschluss
telewizja satelitarna	Satellitenfernsehen
parking	Parkplatz
garaż podziemny	Tiefgarage
Mogę zobaczyć pokój?	Kann ich das Zimmer sehen?
Ile kosztuje nocleg?	Was kostet eine Nacht?
ze śniadaniem	mit Frühstück
z niepełnym wyżywieniem	mit Halbpension
z całodziennym utrzymaniem	mit Vollpension
Gdzie jest pokój śniadaniowy?	Wo ist der Frühstücksraum?
Kiedy możemy zjeść śniadanie?	Wann können wir frühstücken?
Przyjdę po ósmej.	Ich komme nach 20 Uhr an.
Odjeżdżamy jutro o szóstej.	Wir reisen morgen um 6 Uhr ab.
portier, -a	Portier, Pförtner

Reklamacje
Beanstandungen

Nie ma ciepłej wody.	Es gibt kein Warmwasser.
Klimatyzacja nie funkcjonuje.	Die Klimaanlage funktioniert nicht.
W lampce brakuje żarówki.	In der Lampe fehlt eine Glühbirne.
Okno nie domyka się.	Das Fenster schließt nicht richtig.
Nie ma ręczników.	Es sind keine Handtücher da.
Toaleta nie jest czysta.	Die Toilette ist nicht sauber.
Umywalka jest zatkana.	Das Waschbecken ist verstopft.
Jest za głośno.	Es ist zu laut.

Nie ma

Nie ma chleba/mleka.	Es gibt kein Brot / keine Milch.
Nie ma go w biurze.	Er ist nicht im Büro.
Nie ma co się wysilać.	Es lohnt sich nicht, sich anzustrengen.
Nie ma mowy, żeby …	Es kommt nicht in Frage, dass …
Nie ma rady.	Da hilft [gar] nichts.
Nie ma sensu.	Es hat keinen Sinn.
Nie ma wyjścia.	Da kann man nichts machen.
Nie ma głupich. fam	Ich bin doch nicht blöd.
Nie ma za co!	Keine Ursache!
Nie ma co!	Ich muss schon sagen!

Test 9

1 Sortieren Sie diese Arten von Unterkünften von preisgünstig (a) bis teuer (e).

hotel czterogwiazdkowy	namiot	pensjonat
samochód kempingowy	schronisko młodzieżowe	

a. ______________________________

b. ______________________________

c. ______________________________

d. ______________________________

e. ______________________________

2 Unterstreichen Sie die richtige Schreibweise.

a.	plywalnia	pływalnia	plywałnia	pływalna
b.	łazienka	lazienka	lasienka	łasienka
c.	lóżecko	łożeczko	łóżeczko	łóźeczko
d.	łącze internetowy	łącze internetowy	lacze internetowe	łącze internetowe

3 **Formulieren Sie die folgenden Fragen und Sätze auf Polnisch. Schreiben Sie sie auf.**

a. Sie würden gerne ein Doppelzimmer reservieren.

____

b. Sie möchten wissen, was eine Übernachtung kostet.

____

c. Fragen Sie, ob das Zimmer ruhig ist.

____

d. Erkundigen Sie sich, ob es einen Fitnessraum gibt.

____

e. Fragen Sie, wann man frühstücken kann.

____

f. Teilen Sie mit, wann Sie abreisen.

____

Reise und Verkehr

Środki komunikacji
Verkehrsmittel

samochód, -odu	Auto
Jeżdżę samochodem do pracy.	Ich fahre mit dem Auto zur Arbeit.
rower	Fahrrad
Dzieci jeżdżą rowerem do szkoły.	Die Kinder fahren mit dem Fahrrad zur Schule.
jeździć/jechać motocyklem	mit dem Motorrad fahren
jeździć/jechać autobusem	mit dem Bus fahren
jeździć/jechać metrem	mit der U-Bahn fahren
jeździć/jechać tramwajem	mit der Straßenbahn fahren
jeździć/jechać pociągiem	mit dem Zug fahren
pływać/płynąć statkiem	mit dem Schiff fahren
latać/lecieć samolotem	mit dem Flugzeug fliegen
na piechotę, pieszo	zu Fuß

Podróżować pociągiem
Mit dem Zug reisen

dworzec, -rca	Bahnhof
peron	Bahnsteig
tor	Bahngleis
kasa biletowa	Fahrkartenschalter
Gdzie odjeżdża pociąg?	Wo fährt der Zug ab?
O której godzinie odjeżdża pociąg?	Um wie viel Uhr fährt der Zug ab?
O której godzinie przyjeżdża pociąg?	Um wie viel Uhr kommt der Zug an?

Pociąg ma spóźnienie.	Der Zug hat Verspätung.
bilet w jedną stronę	Hinfahrkarte
bilet powrotny	Rückfahrkarte
przesiadać/przesiąść się	umsteigen
miejsce siedzące	Sitzplatz
miejsce przy oknie	Fensterplatz
miejsce przy drzwiach	Platz am Gang
przechowalnia bagażu	Gepäckaufbewahrung
wagon restauracyjny [Wars = polnische Speisewagengesellschaft]	Speisewagen
wagon sypialny	Schlafwagen
kuszetka	Liegewagen

Podróżować samolotem
Mit dem Flugzeug reisen

lotnisko	Flughafen
przylot	Ankunft
odlot	Abflug
lot bezpośredni	Direktflug
międzylądowanie	Zwischenlandung
rejs liniowy	Linienflug
rejs czarterowy	Charterflug
linie lotnicze *f*	Fluggesellschaft
rezerwować lot	einen Flug buchen
stornować lot	einen Flug stornieren
hala ekspedycyjna	Abfertigungshalle
zgłaszać/zgłosić się do odprawy	einchecken
bagaż podręczny	Handgepäck
kontrola bezpieczeństwa	Sicherheitskontrolle
Mogę zobaczyć paszport, proszę?	Kann ich bitte Ihren Pass sehen?

dowód, -odu osobisty	Personalausweis
karta wstępu na pokład	Bordkarte
Prosimy zapiąć pasy.	Bitte schnallen Sie sich an.
cło	Zoll
Czy ma Pani/Pan coś do oclenia?	Haben Sie etwas zu verzollen?

pasy *p*	Sicherheitsgurt
maska tlenowa	Sauerstoffmaske
kamizelka ratunkowa	Schwimmweste

Podróżować samochodem
Mit dem Auto reisen

droga	Straße
szosa	Landstraße
ulica jednokierunkowa	Einbahnstraße
ślepa ulica	Sackgasse
rondo, ruch okrężny	Kreisverkehr
obwodnica	Umgehungsstraße
objazd	Umleitung
droga szybkiego ruchu	Schnellstraße
pas, -a ruchu – awaryjny	Fahrspur – Standspur
autostrada	Autobahn

zjazd – wjazd	Ausfahrt – Auffahrt
Najstępny przydrożny zajazd jest za pięć kilometrów.	Die nächste Raststätte ist in 5 km.
miejsce postojowe	Parkplatz
skręcać/skręcić w lewo – prawo	nach links – rechts abbiegen
jeździć/jechać prosto	geradeaus fahren
światła	Ampel
skrzyżowanie	Kreuzung
znak	Verkehrsschild
prawo jazdy	Führerschein
dokumenty pojazdu	Fahrzeugpapiere
wyprzedzać/wyprzedzić	überholen
dodawać/dodać gazu	Gas geben
jeździć/jechać za szybko	zu schnell fahren
hamować/zahamować	bremsen
korek, -rku	Stau
grzywna	Geldbuße
Mam kapeć.	Ich habe einen Platten.
awaria	Panne

Na stacji paliw
An der Tankstelle

benzyna	Benzin
benzyna super	Super
Czy Pani mogłaby/Pan mógłby sprawdzić ciśnienie w oponach?	Könnten Sie bitte den Reifendruck prüfen?
zmieniać/zmienić oponę	Reifen wechseln
kontrolować/skontrolować poziom oleju	Ölstand kontrollieren
wymiana oleju	Ölwechsel

hamulec, -lca	Bremse
hamulec ręczny	Handbremse
skrzynia biegów	Gangschaltung
sprzęgło	Kupplung
wycieraczka	Scheibenwischer
Potrzebuję świecę zapłonową.	Ich brauche eine Zündkerze.
żarówka do tylnych świateł	Glühbirne für das Rücklicht
światła drogowe	Fernlicht
światła postojowe	Standlicht
światła awaryjne	Warnblinkanlage
reflektor, -a	Scheinwerfer
Akumulator jest wyczerpany.	Die Batterie ist leer.
Silnik daje dziwne odgłosy.	Der Motor macht ein seltsames Geräusch.

Komunikacja miejska
Öffentlicher Nahverkehr

Autobusy jeżdżą co dziesięć minut.	Die Busse verkehren alle zehn Minuten.
kierowca autobusu	Busfahrer
bilet	Fahrschein
cena biletu	Fahrpreis
bloczek, -czka	Streifenkarten
Bilet należy kupić w autobusie.	Man muss den Fahrschein im Bus kaufen.
automat biletowy	Fahrscheinautomat
kasować/skasować bilet	Fahrschein entwerten
Czy ten tramwaj jedzie do dworca?	Fährt diese Straßenbahn zum Bahnhof?
przystanek, -nku	Haltestelle
Na którym przystanku muszę się przesiąść?	An welcher Haltestelle muss ich umsteigen?
wsiadać/wsiąść	einsteigen
wysiadać/wysiąść	aussteigen

Po sąsiedzku = In der Nachbarschaft

Polska **Polen**	*Polak, -a* **Pole**	*Polka* **Polin**	*polski* **polnisch**
Niemcy p **Deutschland**	*Niemiec, -mca* **Deutscher**	*Niemka* **Deutsche**	*niemiecki* **deutsch**
Rosja **Russland**	*Rosjanin, -a* **Russe**	*Rosjanka* **Russin**	*rosyjski* **russisch**
Czechy p **Tschechien**	*Czech, -a* **Tscheche**	*Czeszka* **Tschechin**	*czeski* **tschechisch**
Słowacja **Slowakei**	*Słowak, -a* **Slowake**	*Słowaczka* **Slowakin**	*słowacki* **slowakisch**
Ukraina **Ukraine**	*Ukrainiec, -ńca* **Ukrainer**	*Ukrainka* **Ukrainerin**	*ukraiński* **ukrainisch**
Białoruś **Weißrussland**	*Białorusin, -a* **Weißrusse**	*Białorusinka* **Weißrussin**	*białoruski* **weißrussisch**
Francja **Frankreich**	*Francuz, -a* **Franzose**	*Francuzka* **Französin**	*francuski* **französisch**
Anglia **England**	*Anglik, -a* **Engländer**	*Angielka* **Engländerin**	*angielski* **englisch**
Włochy p **Italien**	*Włoch, -a* **Italiener**	*Włoszka* **Italienerin**	*włoski* **italienisch**
Hiszpania **Spanien**	*Hiszpan, -a* **Spanier**	*Hiszpanka* **Spanienerin**	*hiszpański* **spanisch**
Szwajcaria **Schweiz**	*Szwajcar, -a* **Schweizer**	*Szwajcarka* **Schweizerin**	*szwajcarski* **schweizerisch**
Austria **Österreich**	*Austriak, -a* **Österreicher**	*Austriaczka* **Österreicherin**	*austriacki* **österreichisch**

1 **Lösen Sie das Kreuzworträtsel mithilfe folgender Wörter.**

a. Gemütliche Strecke, im Gegensatz zu c.
b. Orientierungsmittel
c. Verführt zur Raserei
d. Gute ...!
e. Für Falschparker
f. On jeździ, ale ja ...
g. Beim Wein nötig, im Verkehr unerwünscht
h. In der Stadt manchmal schneller
i. ... und der auch!
j. Auf welchem ... fährt der Zug ab?
k. Dorthin muss, wer weit weg muss
l. Hoffentlich nie benötigt!

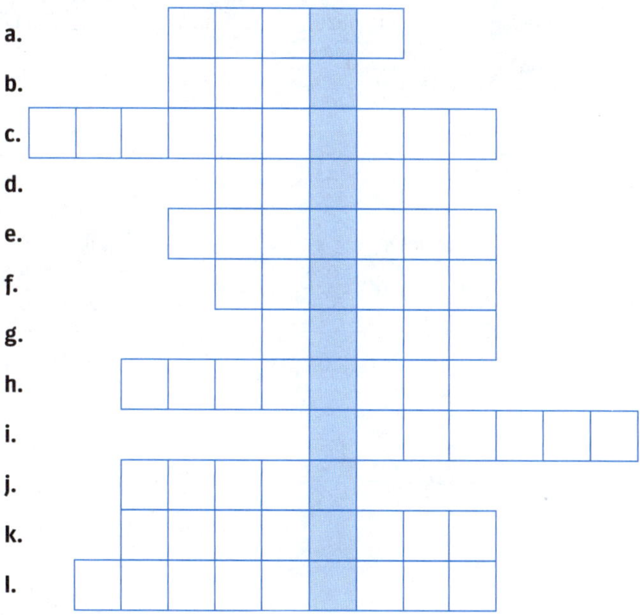

Lösungswort: ______________________________

2 **Was gehört zusammen? Ordnen Sie zu.**

a. samochód	morze
b. pociąg	przystanek
c. statek	hamulec ręczny
d. autobus	peron
e. tramwaj	kontrola bezpieczeństwa
f. samolot	kierowca autobusu

(a. samochód → hamulec ręczny)

3 **Ordnen Sie die folgenden Wörter den Begriffen „Bahnhof", „Flughafen" und „Straße" zu. Schreiben Sie sie auf die Linien.**

hala ekspedycyjna		karta wstępu na pokład	
objazd	odjazd	odlot	peron
pociąg	przyjazd	przylot	ślepa ulica
wjazd	zjazd		

________ ________
dworzec
________ ________

________ ________
lotnisko
________ ________

________ ________
droga
________ ________

Gesundheit

Części ciała i narządy
Körperteile und Organe

głowa	Kopf
twarz *f*	Gesicht
oko – oczy *p*	Auge – Augen
ucho – uszy *p*	Ohr – Ohren
nos, -a	Nase
usta *p*	Mund
język, -a	Zunge
ząb, zęba	Zahn
ramię, -enia	Schulter; Arm
ręka	Hand; Arm
dłoń, -ni *f*	Hand, Handfläche
palec, -lca u ręki	Finger
noga	Bein
kolano	Knie
stopa	Fuß
palec u stopy	Zeh
kark	Nacken
plecy *p*	Rücken
bark	Schulter
biust	Busen
pierś, -si *f*	Brust
serce	Herz
żołądek, -dka	Magen
nerka	Niere
wątroba	Leber
płuco	Lunge

Beachten Sie:

wątroba	Leber (als Organ)
wątróbka	Leber (als Gericht)

Zwroty i wyrażenia
Redewendungen

Jak leci?	Wie geht es dir?
Dziękuję, dobrze.	Danke, mir geht es gut.
Mam grypę.	Ich habe Grippe.
Mam gorączkę.	Ich habe Fieber.
Mam zawroty głowy.	Mir ist schwindlig.
Mam nudności.	Mir ist übel.
Czuję się bardzo źle.	Ich fühle mich sehr schlecht.
Dziś czuję się lepiej.	Heute geht es mir besser.
Muszę iść do lekarza.	Ich muss zum Arzt gehen.
Boli mnie głowa.	Ich habe Kopfschmerzen.
Bolą mnie nogi.	Mir tun die Füße weh.
Boli ją gardło.	Sie hat Halsschmerzen.
Jestem przeziębiony.	Ich bin erkältet.
Mam kaszel.	Ich habe Husten.
Potrzebuję syropu na kaszel.	Ich brauche Hustensaft.
złamana noga	ein gebrochenes Bein
skręcona stopa	ein verstauchter Fuß
rana cięta	eine Schnittwunde
niskie – wysokie ciśnienie	niedriger – hoher Blutdruck
Bolą go zęby.	Er hat Zahnschmerzen.
On ma jutro termin do dentysty.	Morgen hat er einen Zahnarzttermin.
Został wzięty do szpitala.	Er wurde ins Krankenhaus gebracht.
Żyjemy bardzo zdrowo.	Wir leben sehr gesund.
Uprawiamy regularnie sport.	Wir treiben regelmäßig Sport.

Jemy dużo witamin.	Wir essen viele Vitamine.
Jesteśmy wegetarianami.	Wir sind Vegetarier.
Robimy dietę raz w roku.	Wir machen einmal im Jahr eine Diät.

Szybkiego powrotu do zdrowia!	Gute Besserung!

***Lekarze specjaliści* = Fachärzte**

lekarz rodzinny / pierwszego kontaktu	Hausarzt / Allgemeinarzt
internista, -y	Internist
okulista, -y	Augenarzt
laryngolog, -a	Hals-Nasen-Ohrenarzt
pediatra, -y	Kinderarzt
ortopeda, -y	Orthopäde
kardiolog, -a	Kardiologe
chirurg, -a	Chirurg
ginekolog, -a	Gynäkologe
radiolog, -a	Röntgenarzt, Radiologe
dentysta, -y / stomatolog, -a	Zahnarzt

11 Test

1 Streichen Sie durch, was nicht passt.

a. nos	ucho	oko	~~noga~~
b. nerka	kark	wątroba	płuco
c. kark	bark	plecy	żołądek
d. usta	stopa	język	ząb

2 Wie viele Wörter finden Sie? Schreiben Sie sie auf.

uchokolanostopatrunekarkaszelekarz

____

____

____

____

____

3 Nummerieren Sie den Dialog in der richtigen Reihenfolge.

____ To nie (jest) moja specjalność. Proszę iść do dentysty.

_1_ Dzień dobry!

____ Proszę?

____ Bolą mnie zęby.

____ Pytam, co Panu dolega?

____ Do widzenia! Szybkiego powrotu do zdrowia!

____ Dzień dobry! Co Panu dolega?

____ Nie wiem, nie jestem lekarzem.

____ Dobra, gdzie Pana boli?

____ Przepiszę Panu coś. Coś jeszcze?

____ Dziękuję bardzo! Do widzenia!

____ Boli mnie głowa.

Natur und Umwelt

Rośliny
Pflanzen

drzewo	Baum
liść, -ścia	Blatt
dąb, dębu	Eiche
kasztan	Kastanie
buk	Buche
krzak, -a	Busch
roślina	Pflanze
kwiat	Blume
trawa	Gras
żywopłot	Hecke

Zwierzęta
Tiere

zwierzę domowe	Haustier
pies, psa	Hund
kot, -a	Katze
koń, -nia	Pferd
królik, -a	Kaninchen
ptak, -a	Vogel
mysz *f*	Maus
szczur, -a	Ratte
świnia	Schwein
krowa	Kuh
kura	Huhn
kogut, -a	Hahn
gęś, -si *f*	Gans

kaczka	Ente
owca	Schaf
koza	Ziege
wiewiórka	Eichhörnchen
lis, -a	Fuchs
jeleń, -nia	Hirsch
lew, lwa	Löwe
niedźwiedź, -dzia	Bär
wąż, węża	Schlange
ślimak, -a	Schnecke
ważka	Libelle
biedronka	Marienkäfer
pszczoła	Biene
mucha	Fliege
osa	Wespe
komar, -a	Mücke
pająk, -a	Spinne
ryba	Fisch

Formy krajobrazu
Landschaftsformen

przyroda	Natur
rezerwat przyrody	Naturschutzgebiet
pagórek, -rka	Hügel
góra	Berg
góry *p*	Gebirge
zbocze	Hang
skała	Felsen
dolina	Tal
wąwóz, -ozu	Schlucht
pole	Feld
park	Park

las	Wald
puszcza	Urwald
rzeka	Fluss
strumień, -nia	Bach
jezioro	See
morze	Meer
brzeg	Küste
pustynia	Wüste
wulkan	Vulkan

***Regiony turystyczne w Polsce* = Touristische Regionen in Polen**

Polnischer Name	Deutscher Name (wenn übersetzbar)
Tatry p	Hohe Tatra
Karkonosze p	Riesengebirge
Beskidy p	Beskiden
Bieszczady p	Waldkarpaten
Pieniny p	Pieniny-Gebirge
Podhale p	Karpatenvorland
Puszcza Białowieska	Nationalpark Bialowieski
Bory Tucholskie p	Tuchola-Ebene
Bagna Biebrzańskie p	Biebrzasümpfe
Mazury p	Masuren
Latem jedziemy na Mazury.	Im Sommer fahren wir *nach* Masuren (nicht in die Masuren o.ä.).
Warmia	Ermland
Pojezierze Drawskie p	Drawskie-Seenplatte
Przełom Dunajca	Dohnst-Schlucht
Kaszuby p	Kaschubien
Pomerania/Pomorze p	Pommern
Zatoka Gdańska i Hel	Danziger Bucht und Halbinsel Hel
Suwałki	Suwalki
Ziemia Łowicka	Lowitscher Land
Ziemia Lubuska	Lebuser Land

Ziemia Kłodzka	Glatzer Land
Dolny Śląsk	Niederschlesien
Górny Śląsk	Oberschlesien

Klimat i ochrona środowiska
Klima und Umweltschutz

pogoda	Wetter
prognoza pogody	Wettervorhersage
słońce	Sonne
Słońce świeci.	Die Sonne scheint.
energia słoneczna	Sonnenenergie
deszcz	Regen
grad	Hagel
śnieg	Schnee
mróz, -ozu	Frost
Pada deszcz/pada grad/pada śnieg/jest mroźno.	Es regnet/hagelt/schneit/friert.
mgła	Nebel
chmura	Wolke
ciepło	Wärme
zimno	Kälte
wiatr	Wind
Jest mgliście/pochmurnie/wietrznie.	Es ist neblig/bewölkt/windig.
Jest ciepło/zimno/upalnie.	Es ist warm/kalt/heiß.
Ile jest dzisiaj stopni?	Wie viel Grad haben wir heute?
wichura	Sturm
burza	Gewitter
piorun, -a	Blitz
grzmot	Donner
ogień, -gnia	Feuer

trzęsienie ziemi	Erdbeben
susza	Trockenheit
powódź, -odzi *f*	Hochwasser; Flut, Überschwemmung
zbiornik, -a retencyjny	Stausee
zmiana klimatu	Klimawandel
efekt cieplarniany	Treibhauseffekt
dziura ozonowa	Ozonloch
zanieczyszczenie powietrza	Luftverschmutzung
odpady *p* **toksyczne**	Giftmüll
elektrownia atomowa	Atomkraftwerk
środowisko naturalne	Umwelt
ochrona środowiska	Umweltschutz

können – müssen – sollen

Die polnischen und die deutschen Modalverben entsprechen einander nicht immer in ihrer Bedeutung:

deutsche Form	im Sinne von	polnische Entsprechung
können	fähig sein, vermögen	*umieć, potrafić*
können	möglich sein	*móc*
müssen	notwendig sein	*musieć*
sollen	(im moralischen Sinn)	*powinien* (3. Pers. m)
sollen	(im gesetzlichen Sinn)	*mieć*
wollen	wünschen	*chcieć*
dürfen	erlaubt sein	*móc*
mögen	wollen	*chcieć*
mögen	gern haben	*lubić*

należy, trzeba	man muss
nie należy	man soll(te) nicht
można	man kann
wolno	man darf
nie wolno	man darf nicht

Beispiele:

*Na nim **można** polegać.*	Auf ihn kann man sich verlassen.
*Tak **nie można**.*	So geht es nicht!
*Dziękuję, **nie trzeba**.*	Danke, nicht nötig.
***Trzeba** było skończyć wcześniej.*	Man hätte früher aufhören sollen.
***nie zależy** mi na tym*	es liegt mir nichts dran
***Nie należy** mówić z pełną buzią.*	Man sollte nicht mit vollem Mund sprechen.
*Tu **nie wolno** palić.*	Hier darf man nicht rauchen.
*W parku **nie wolno** pić alkoholu.*	Im Park darf man keinen Alkohol trinken.

1 **Wie viele polnische Wörter für Tiere fallen Ihnen ein? Schreiben Sie sie auf.**

a. Im Wald:

b. Im Haus oder auf dem Bauernhof:

c. Im oder auf dem Wasser:

d. In der Luft:

e. Wilde Tiere:

2 **Wie viele Landschaftsformen können Sie entdecken? Schreiben Sie sie auf.**

dolinapolerzekabrzegpagórekstrumieńgóramorzepustynialasjezioro

3 **Finden Sie 10 Wetterbegriffe (waagrecht und senkrecht) und schreiben Sie sie auf.**

ś	n	i	g	p	o	g	ó	d	a	r	i	ź
p	g	i	w	i	a	t	l	d	e	s	z	i
e	r	n	s	t	l	ś	n	i	e	g	ź	n
z	a	w	a	s	k	l	a	p	p	e	r	t
i	d	p	ś	c	h	m	u	r	a	ź	g	p
w	ę	o	a	l	m	d	o	e	d	e	l	i
i	y	g	p	m	u	k	g	a	ż	p	j	o
c	l	o	r	g	r	z	m	o	t	o	w	r
h	ą	d	a	ł	a	ó	u	ń	u	w	l	u
u	z	a	d	a	l	p	r	a	ż	i	o	n
r	ś	n	i	g	ó	h	a	m	h	a	m	d
a	d	e	s	z	c	z	j	q	u	t	a	ł
ń	f	j	o	d	e	l	k	a	u	r	i	o

Lösungen zu den Tests

1 Rodzina i życie społeczne
Familie und soziales Leben

1

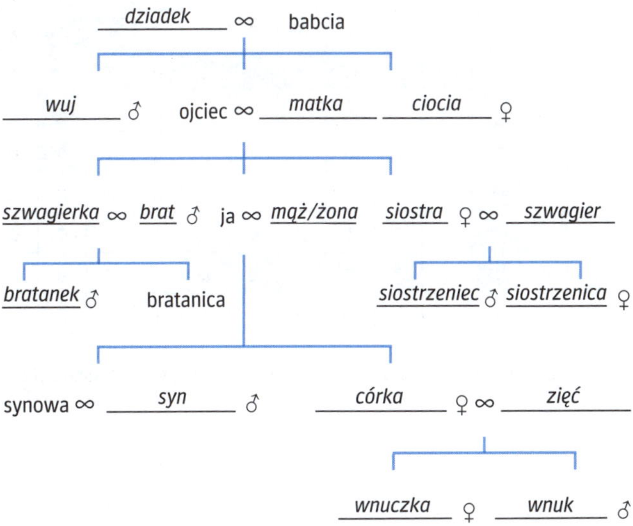

2 **a.** brzydki **b.** gruby **c.** wysoki **d.** spokojny
e. młody **f.** nudny

3

w	p	s	o	b	o	t	n	a	l	n	a	r
t	o	p	r	a	w	l	i	r	p	i	b	ę
o	n	a	w	t	o	r	e	k	i	e	c	k
r	i	m	i	n	i	m	d	w	ą	d	d	a
e	e	o	ź	e	ł	a	z	o	t	z	y	w
q	d	n	i	r	w	a	n	a	e	i	z	g
a	z	c	z	w	a	r	t	e	k	e	i	r
p	i	ą	t	ś	r	o	t	a	p	l	f	u
r	a	s	o	b	o	t	a	c	i	a	o	ż
i	ł	s	ż	s	ą	ź	s	a	w	n	u	k
l	e	r	ó	ł	g	o	l	f	o	t	e	a
w	k	o	ś	r	o	d	a	l	r	a	d	l
e	u	d	o	m	e	n	i	j	k	ą	d	o

poniedziałek, wtorek, środa, czwartek, piątek, sobota, niedziela

2 Mieszkanie

Wohnen

1

b. łóżko
c. łóżeczko dziecięce
d. lodówka
e. biurko
f. lampa stojąca

2

a. czytać
b. kosić
c. podlewać
d. zmywać
e. gotować
f. nakrywać / sprzątać
g. piec

3

a. kanapa
b. materac
c. prysznic
d. fotel
e. ściana
f. koc
g. biurko
h. krzesło
i. drzwi
j. lampa
k. podłoga
l. łóżko
m. obraz

Lösungswort: prześcieradło

3 Odzież
Kleidung

1

b. płaszcze **c.** kamizelka **d.** spodnie

2

płaszcz, czapka, apaszka, kapelusz, zegarek, koszulka, kamizelka

3

a	l	j	u	b	c	o	r	a	n	g	e	n	i
b	i	a	ł	y	ż	y	o	p	n	f	n	s	r
r	a	s	t	a	f	a	ę	r	i	e	h	z	r
i	i	n	i	b	i	s	k	i	e	d	o	a	t
k	y	o	t	o	t	t	ę	l	b	c	l	r	u
o	r	n	w	n	r	o	k	c	i	b	d	y	m
t	s	i	e	l	o	n	y	z	e	c	e	o	b
z	i	e	l	o	n	y	m	a	s	z	r	w	r
s	e	b	b	l	e	u	i	r	k	e	ą	e	ą
i	f	i	m	i	ź	z	a	n	i	r	d	i	z
e	w	e	w	ż	ó	ł	t	y	j	w	i	ń	o
g	ę	s	ż	a	l	k	i	m	i	o	o	w	w
r	o	k	w	o	t	d	ę	r	b	n	j	e	y
o	b	i	a	l	y	s	t	o	k	y	h	i	!

biały, jasnoniebieski, zielony, żółty, czarny, niebieski, czerwony, szary, brązowy

4 Zakupy
Einkaufen

1

b. jedenaście **c.** szósty **d.** sześćdziesiąt

2

b. sok **c.** ryba **d.** mąka

3

b. sklep rybny **c.** apteka **d.** supermarket
e. sklep z napojami **f.** kwiaciarnia

4

a. 4 **b.** 40 **c.** 80
d. 18 **e.** 101 **f.** 2.000.000

5

8, 10, 2, 5, 1, 6, 3, 7, 13, 4, 9, 12, 11

5 Szkoła i zawód
Schule und Beruf

1

a. uczyć się **b.** zdawać **c.** kupować
d. sprzątać

2

a	r	p	a	t	e	k	p	a	r	l	a	d
h	a	n	d	l	o	w	i	e	c	ę	k	z
a	r	a	w	t	g	r	e	k	i	e	o	i
r	c	m	o	n	r	m	k	w	m	g	g	e
d	h	o	k	e	o	ł	a	o	a	z	r	n
ł	i	n	a	r	d	e	r	g	r	l	ó	n
o	t	c	t	w	n	k	z	r	y	e	d	i
w	e	ą	t	ś	i	o	t	o	n	k	n	k
s	k	e	l	n	e	r	a	d	a	a	i	a
z	t	s	ż	ś	z	e	f	n	r	r	k	r
e	e	r	i	n	ź	y	n	i	k	k	e	z
w	k	i	n	d	l	n	i	k	q	a	d	l
c	i	n	ż	y	n	i	e	r	k	ą	d	o

handlowiec, architekt, adwokat, kelner, szewc, inżynier, piekarz, ogrodnik, lekarka, dziennikarz

3

b. dom **c.** restauracja **d.** ogród
e. szpital **f.** biuro **g.** sąd
h. sklep

6 Komunikacja
Kommunikation

1

a. czat
b. gazeta
c. hasło
d. książka
e. kropki
f. powieść
g. list
h. faksować
i. wiadomości
j. laptop

Lösungswort: czasopismo

2

8, 1, 3, 10, 5, 9, 4, 6, 2, 7

3

dane: podawać, zapisywać, czytać, pisać, czyścić, pobierać
telefon: dzwonić, telefonować
gazeta: czytać, abonować
e-mail: czytać, pisać, zapisywać, czyścić

7 Czas wolny
Freizeit

1

b. biegać **c.** krzyżówka **d.** wystawa

2

b. jeździć **c.** imieniny **d.** zbierać

3

sport: aerobik, biegać, iść do sali do fitnessu, jeździć na łyżwach, jeździć rowerem, lekkoatletyka, siatkówka, tenis stołowy, wędrować, wiosłować
urlop: biegać, jeździć na łyżwach, iść do sali do fitnessu, jeździć rowerem, jezioro, morze, odbywać podróż, plaża, podróżować, opalać się, rejs, zbierać muszle

8 Restauracja
Restaurant

1

a. rezerwować **b.** śniadanie **c.** sałata
d. surówka

2

6, 11, 2, 8, 3, 1, 4, 10, 5, 7, 9

3

Przystawki: sałatka z pomidorów, surówka, zupa grzybowa
Dania główne: bigos, gulasz, kotlet, pieczeń wieprzowa, pieczone kurczę, ryba smażona
Desery: budyń karmelowy, lody bakaliowe, sałatka owocowa

9 Hotel

Hotel

1

a. namiot
b. samochód kempingowy
c. schronisko młodzieżowe
d. pensjonat
e. hotel czterogwiazdkowy

2

b. łazienka
c. łóżeczko
d. łącze internetowe

3

a. Chcę zarezerwować pokój dwuosobowy.
b. Ile kosztuje nocleg?
c. Czy ten pokój jest spokojny?
d. Czy jest sala do fitnessu?
e. Kiedy możemy zjeść śniadanie?
f. (z.B.) Odjeżdżamy jutro o szóstej.

10 Podróż i komunikacja
Reise und Verkehr

1

a. szosa
b. znak
c. autostrada
d. jazda
e. grzywna
f. jeżdżę
g. korek
h. tramwaj
i. autobus
j. peron
k. lotnisko
l. kamizelka ratunkowa

Lösungswort: skrzyżowanie

2

b. peron
c. morze
d. kierowca autobusu
e. przystanek
f. kontrola bezpieczeństwa

3

dworzec: odjazd, peron, pociąg, przyjazd
lotnisko: hala ekspedycyjna, karta wstępu na pokład, odlot, przylot
droga: objazd, ślepa ulica, wjazd, zjazd

11 Zdrowie
Gesundheit

1

b. kark **c.** żołądek **d.** stopa

2

ucho, oko, kolano, nos, stopa, opatrunek, kark, kaszel, lekarz

3

10, 1, 3, 9, 4, 12, 2, 5, 6, 8, 11, 7

12 Przyroda i środowisko

Natur und Umwelt

1

a. jeleń, lis, wiewiórka, niedźwiedź, ...
b. pies, kot, pająk, krowa, kura, kogut, koza, ...
c. kaczka, ważka, ryba, komar, ...
d. ptak, komar, biedronka, osa, pająk, ...
e. lew, niedźwiedź, wąż

2

dolina, pole, rzeka, brzeg, pagórek, strumień, góra, morze, pustynia, las, jezioro

3

ś	n	i	g	p	o	g	ó	d	a	r	i	ź
p	g	i	w	i	a	t	l	d	e	s	z	i
e	r	n	s	t	l	ś	n	i	e	g	ź	n
z	a	w	a	s	k	l	a	p	p	e	r	t
i	d	p	ś	c	h	m	u	r	a	ź	g	p
w	ę	o	a	l	m	d	o	e	d	e	l	i
i	y	g	p	m	u	k	g	a	ż	p	j	o
c	l	o	r	g	r	z	m	o	t	o	w	r
h	ą	d	a	ł	a	ó	u	ń	u	w	l	u
u	z	a	d	a	l	p	r	a	ż	i	o	n
r	ś	n	i	g	ó	h	a	m	h	a	m	d
a	d	e	s	z	c	z	j	q	u	t	a	ł
ń	f	j	o	d	e	l	k	a	u	r	i	o

grad, wichura, pogoda, deszcz, śnieg, chmura, mgła, grzmot, wiatr, piorun